孩子，
你要做个有出息的男孩

揭示男孩成才的黄金法则，父母送给儿子的成长礼物！

周舒予 —— 著

北京理工大学出版社
BEIJING INSTITUTE OF TECHNOLOGY PRESS

版权专有　侵权必究

图书在版编目（CIP）数据

孩子，你要做个有出息的男孩/周舒予著.—北京：北京理工大学出版社，2020.10（2022.8重印）

ISBN 978-7-5682-8983-2

Ⅰ.①孩… Ⅱ.①周… Ⅲ.①男性-家庭教育 Ⅳ.①G78

中国版本图书馆 CIP 数据核字（2020）第 163017 号

出版发行 / 北京理工大学出版社有限责任公司
社　　址 / 北京市海淀区中关村南大街5号
邮　　编 / 100081
电　　话 /（010）68914775（总编室）
　　　　　（010）82562903（教材售后服务热线）
　　　　　（010）68944723（其他图书服务热线）
网　　址 / http://www.bitpress.com.cn
经　　销 / 全国各地新华书店
印　　刷 / 三河市华骏印务包装有限公司
开　　本 / 710毫米×1000毫米　1/16
印　　张 / 14.5　　　　　　　　　　　　　　责任编辑/宋成成
字　　数 / 194千字　　　　　　　　　　　　文案编辑/宋成成
版　　次 / 2020年10月第1版　2022年 8 月第6次印刷　责任校对/周瑞红
定　　价 / 39.80元　　　　　　　　　　　　责任印制/施胜娟

图书出现印装质量问题，请拨打售后服务热线，本社负责调换

前 言

相信很多男孩从小就梦想着做一个男子汉，勇敢、负责、心胸宽广、懂感恩、讲诚信、会理财、有能力……从而成为一个人见人爱的了不起的男孩。不过，美好的梦想却是需要付出努力才能实现的，所以，每一个男孩都应该努力让自己获得成长，实现青春梦想。

说到底，男孩的成长是一件大事。怎样让男孩做最优秀的自己，成为最棒的男孩，是一个需要深思的问题。男孩的成长，不仅仅是获得知识这么简单，更多的还是要进行品格的塑造、理财能力的提升、进取心的培养、责任心的加强、习惯的养成、身心的历练、挫折抵抗力的锻造……这样，男孩才会拥有一个强大的内心世界，才会拥有比知识更重要的能力与素养。

来看这样一个小故事：

有一个小男孩非常瘦弱，看起来好像风一吹就会倒的样子。他在学校的时候，经常会受到那些坏孩子的嘲笑、欺负，久而久之，他变得冷漠孤独，眼睛里时常透露着警惕和愤怒的光芒。

一年冬天，外面下着大雪，他的父亲下班回来，在雪地里捡回一只快要冻死的小狗。小狗非常弱小，趴在小男孩的脚边，瑟瑟发抖。小男孩不喜欢这只脏兮兮的小狗，于是把小狗扔了出去。小狗趴在门外面哀伤地号叫。

父亲听到了小狗的叫声，知道小狗已经被男孩丢到了门外，父亲来到孩子的房里，与他攀谈起来。父亲知道孩子在学校经常被人欺负，他说：

1

"孩子，同学为什么欺负你？"

小男孩说："因为我长得瘦弱，打不过他们，所以他们才敢欺负我。"

父亲说："他们很强，你却很弱，所以他们才能欺负你。可是现在，你很强，小狗很弱，你为什么不爱护它、同情它呢？"

小男孩听了父亲的话，低下了头，眼里含着泪水。过了一会儿，父亲看见小男孩把小狗抱回来，放在了火炉旁边。他在亲昵地抚摸着小狗，像是在安慰它，小狗则用舌头舔着孩子的小手，一派其乐融融的景象。

后来这个孩子成了一位著名的外科医生，因为医术高明、医德崇高而受到了人们的尊敬和爱戴。当他晚年的时候，他对自己的孩子们讲述了这个故事，他说："是那只小狗使我看到了爱的力量，是父亲使我学会了人的一生中最宝贵的爱的美德。"

看完这个故事，你会怎么想呢？

爱是人类永恒的美德。如果人间没有了爱，那注定是死寂的和没有活力的世界。如果你觉得生活不能令自己满意，如果你觉得全天下的人都在跟自己作对，不知你有没有想过，问题也许正出在自己身上呢？解决这一切的办法只有一个，那就是从现在起，学着去爱别人吧！一个懂得爱别人的人，必然也能得到别人的爱，这是亘古不变的真理。

对父母，对他人，对周围的人、事、物有爱，这是做人的根本。

事实上，每个男孩都应该掌握做人的根本，成为有德行、有素养、有责任感、有使命感、有人文情怀、心理健康的人。也就是说，小男孩的内心世界要足够强大，心智要足够成熟。这样，知识对他才是真正有用的，他才能通过知识的掌握、技能的培养和综合素质的提升成为最棒的自己，成长为这个社会所需要的人才。

而眼前这本书在某种程度上可以帮助男孩们达成这一目标！这本书带给男孩的，不仅仅是专业知识，更是智慧的启迪与思想的浸润。

本书从"好品格成就了不起的男子汉；让男孩有出息成大器的那些能力；学会抵抗挫折，经历人生的风雨，就这样把自己打造成学习高手；男孩就是要有一个宽广的心胸；学着去理财，懂得如何'保富'；身心健康才能走更远的路；做勇敢的男孩，从优秀走向强大；责任的承担是男孩成长的开始；好习惯让男孩终身受益"这 10 个方面，告诉男孩应该怎样乘风破浪，扬帆起航；应该怎样壮大自己，成就自我；应该怎样早日创造卓越、幸福的人生……

这本书所提到的内容，具有强大、深刻而又丰富的教育内涵，不仅可以激发男孩对社会、人生进行全方位的思考，还能够让他内心智慧的火花得到点燃，从而使他更清楚地认识自己，认识他人，认识周围的环境，认识这个日新月异的社会，认识这个我们赖以生存的世界……从而让自己更进一步思考人生，以达到历练自己、做一个最棒的男孩的目的。

这是一部教育男孩的课本，也是一部修身宝典，适合男孩阅读，也适合亲子共读；这是一部能够滋养男孩和父母心灵的书，不仅有深厚的道德情感，更有无限的智慧力量。

优秀不是天生的，不是每个人都会成为最棒的自己，但只要方向正确，掌握了让自己变优秀的方法，又肯付诸实际行动，男孩就没有理由不优秀。所以，从现在开始，男孩就要立志去通过读书增长智慧，掌握通往美好未来的金钥匙，让自己优秀起来，让人生出彩！

衷心祝愿每一个男孩都能从中受到启迪，获得心灵的成长与思想的升华，成为最棒的自己，做自己真正的主人！

大胆走更远的路;做最勇敢的男孩,从优秀走向未来更是男孩成长的开始;努力增加男孩的"受益",这10个方面正是男孩应该怎样以成熟、别具魅力、成为什么大自己、应该怎样早日的造就趣、幸福的人生……

这本书展现的内容,具有趣味、深刻而又丰富的教育内涵,不仅可以激发男孩对社会、人生进行全方位的思考,还能够让他内心的智慧之火得到点燃,从而使他更清楚地认识自己,认识他人,认识周围的环境,以这个日新月异的社会,认识这个我们赖以生存的世界……从而让自己更进一步思考人生,以找到到达自己一个最棒的男孩的目的。

这是一部教育男孩的脚本,也是一部修身、适合男孩阅读、也适合亲子共读。这是一部能够让男孩和父母心灵的书,不仅有深厚的道德情操,更具无限的智慧力量。

优秀不是天生的,不是每个人都会成为最棒的自己,但只要努力向正确、掌握了自己改变的方法,又能扎实地展开行动,男孩就没有理由不优秀。所以,从现在开始,男孩就要立志去博长增长智慧,掌握通往美好未来的钥匙,让自己优秀起来,让人生出彩!

更小的愿望——一个男孩能够从受到鼓舞、获得心灵的成长与思想的升华,成为最棒的自己,做自己真正的主人!

目 录

第一章 好品格成就了不起的男子汉
给自己一颗懂感恩的心 …………………………………… 2
务必要培养自己的同情心 ………………………………… 5
从小就懂得做人诚实、做事守信 ………………………… 8
明白"知耻近乎勇"的道理 ……………………………… 11
践行"吾日三省吾身"的教诲 …………………………… 14
拥有节俭的好品质 ………………………………………… 17
把谦虚变成自己的一种习惯 ……………………………… 20
做一个正直又懂变通的人 ………………………………… 23

第二章 让男孩有出息成大器的那些能力
提升自己与人交往的能力 ………………………………… 28
尽早学着规划自己的人生 ………………………………… 31
增强危机意识，提升危机处理能力 ……………………… 34
培养时间管理的能力，惜时如金 ………………………… 36
学会团队合作，去体验集体力量 ………………………… 39
掌控情绪与行为，提高自我控制能力 …………………… 42
培养勇于决断、善于决断的能力 ………………………… 45

1

学会自主选择，有自己的主见 …………………………… 48

第三章　学会抵抗挫折，经历人生的风雨 …………… 51

不再依赖父母，打理自己的生活 …………………………… 52
跌倒了，要自己爬起来 ……………………………………… 55
有意识地经历风雨，去吃点苦 ……………………………… 58
遇到困难积极想办法，不抱怨、不低头 …………………… 60
提升抵抗挫折的心理承受力 ………………………………… 63
挑战自己，学会进行自我激励 ……………………………… 66
把磨难看成是对自己的祝福 ………………………………… 69

第四章　就这样把自己打造成学习高手 ……………… 71

掌握一些有效的学习方法 …………………………………… 72
不迷信权威，善于提出自己的问题 ………………………… 76
学而不思则罔，思而不学则殆 ……………………………… 79
学会制订计划，并严格执行 ………………………………… 82
做好"预习、上课、复习、考试"等事项 ………………… 85
要善于抓住重点，有的放矢 ………………………………… 89
寻找榜样，善于向优秀同学去学习 ………………………… 92
注意劳逸结合，学会休息 …………………………………… 95
创造条件，去开阔自己的视野 ……………………………… 98

第五章　男孩就是要有一个宽广的心胸 ……………… 101

给自己一颗包容整个世界的宽容心 ………………………… 102
学会与人分享，不自私 ……………………………………… 105
学会豁达大度，不斤斤计较 ………………………………… 108

第六章　学着去理财，懂得如何"保富" ………… 125
要知道钱是从哪里来的 ……………………………… 126
养成储蓄的好习惯 …………………………………… 129
学会理性消费，不被各种广告诱惑 ………………… 131
压岁钱，要花得有意义 ……………………………… 134
不要在他人面前炫耀自己的财富 …………………… 136
制订合理的支出计划 ………………………………… 138
不妨试着去做一下收支记录 ………………………… 140
有机会去体验赚钱的辛苦 …………………………… 143
学习"保有财富"的真谛 …………………………… 146

第七章　身心健康才能走更远的路 ……………… 149
健康饮食，不再挑食、偏食 ………………………… 150
经常到户外做运动 …………………………………… 153
想小法去战胜内心的恐惧感 ………………………… 156
学会转消极心态为积极心态 ………………………… 159
跨越猜疑与多疑的樊篱 ……………………………… 162
学会摆脱焦虑的旋涡 ………………………………… 165
保持心灵的纯洁，抵制各种诱惑 …………………… 168

第八章 做勇敢的男孩，从优秀走向强大 171
把自己当一个"强者"来看 172
培养"知难而进"的进取精神 175
培养分辨是非的能力 178
要勇敢，但并不等于去冒险 181
不拉帮结伙，远离校园暴力 183

第九章 责任的承担是男孩成长的开始 187
从小就培养自己的责任感 188
不要为自己的各种错误找借口 191
自己承担过失，自己"埋单" 194
懂得遵守社会公德，才会更有担当 197
积极参与各种社会实践活动 200
树立远大的理想，富有使命感 203

第十章 好习惯让男孩终身受益 207
每天都要给他人一个笑脸 208
做事一定要注重细节 211
每天都早睡早起，作息有常 214
培养卫生习惯，干干净净每一天 217
不迷恋电视、网络、电子游戏 220

给自己一颗懂感恩的心

◆ 第一章 ◆
好品格成就了不起的男子汉

 从现在年轻的孩子身上，我们不难发现他们有的只是贪图享受吃喝玩乐，不知道羞耻用财的是父母长大的，所以他能够享着吃，以感激涂的是父母的爱，这就是"羊羔跪乳"。连动物都懂得知恩报恩，妈妈照顾而了，为什么你们呢？

 自古以来，中国就有"滴水之恩，当涌泉相报"、"谁言寸草心，报得三春晖"，即"知恩不报非君子"等人生训诫。感恩带给人们生活的爱与希望，是一种积极的、乐观的生活态度。美国作家助尔·希尔斯曾在他的经典著作《荆棘》中讲了这样一个故事：

 从前，一棵树爱上了一个小男孩。男孩天天在树上玩耍，他摘树叶做帽子，一会儿戴上了，一会儿又摘下了，"我要成为一个了不起的男子汉"，相信这是每个男孩心中的伟大梦想。每个男子汉都胸怀大志，都想要成就自己的一番事业，这是非常值得称赞的一件事。不过，要想实现这个梦想，我们就要精心塑造一个成熟而有力量的心灵，培养良好的品格，因为好品格是成就了不起的男子汉的基础和前提。

 许多年之后，男孩又来到树下。"我想要一样能够给我盖房子的东西。"树想了一想，说："我没有房子，可是你可以把我身上的树枝砍下来盖房子。"于是，男孩把树枝砍下来，盖了一样房子。

 许多年之后，男孩又来了。树摇曳地说："我现在只是一个老树桩了，没有什么可以给你的了。""我实在是太累了，只想找个安静的地方坐下来好好休息一下。""来吧，孩子，我正好可以坐。"

给自己一颗懂感恩的心

◆ 第一章 ◆

你见过小羊吃奶吗？小羊是以什么样的姿势吃奶的呢？小羊是跪着吃奶的，它知道是妈妈用奶水喂养自己长大的，所以就跪着吃奶，以感激妈妈的哺乳之恩。这就是"羊羔跪乳"。连动物都懂得知恩报恩，妈妈照顾它，它感恩妈妈，更何况我们人呢？

自古以来，中国就有"滴水之恩，当涌泉相报""谁言寸草心，报得三春晖""知恩不报非君子"等人生训言。感恩来自人们对生活的爱与希望，是一种积极的、乐观的生活态度。

美国作家谢尔·希尔弗斯坦曾在他的绘本《爱心树》里讲了这样一个故事：

从前，一棵树爱上了一个小男孩，那个男孩天天在树下玩，把树枝当秋千，吃树上的果子，累了就在树下睡觉。后来，他渐渐长大了，不再喜欢到树下玩，树感到很孤独。

后来有一天，男孩来到树下，对树说："我想买东西，你能给我一些钱吗？"树说："我没有钱，只有树叶和苹果，你把苹果拿去卖钱吧！"于是，男孩爬上树，摘下苹果拿去卖掉，树感到很欣慰。

很久之后，男孩又来到树下，忧虑地说："我想要一栋房子，你能给我吗？"树想了想，说："我没有房子，但是你可以把我的树干砍下来盖房子。"于是，男孩把树干砍下来，盖了一栋房子。

多年后，男孩又来了，树抱歉地说："我现在只是一个老树墩，已经没有什么可以给你的了，真是抱歉。"男孩说："我实在是太累了，只想找个安静的地方坐下来好好休息一下。"树说："来吧，孩子，你正好可以坐

第一章 好品格成就了不起的男子汉

在上面休息。于是，男孩坐在树墩上休息，树感到很快乐。

想一想，我们是否也像故事中的男孩一样，总是一味地向父母、长辈等索取渴望拥有的东西，并将之视为理所当然呢？这个故事传递出的寓意就是让我们懂得在索取的同时学会感恩。

我们应该拥有一颗感恩的心，懂得感恩一切人和事物。如此，人与大自然的关系才会变得更加和谐，人与人的关系才会变得更加亲密，我们才能体会到人间的温情，才能感受到生活的幸福与快乐。一个常怀感恩之心的人，走到哪儿都会受到欢迎。

说到感恩，知恩是第一步，也是最重要的一步。因为一个人只有知恩，才会去报恩。生活在这个世界上，我们无时无刻不接受着来自各方面的恩赐，大而言之，大自然赐予的空气、阳光、雨露等，祖国和社会的护佑、培养，等等；小而言之，父母的养育，老师的教诲，朋友的帮助，等等。我们应该将这些恩德铭记于心，生有一份感恩之心，并用实际行动去回馈他人的付出。

愿每一个人常怀感恩之心，在感受生活美好的同时，也把这份美好传递给周围人。

感恩大自然，感恩万事万物。

这个世界上的万事万物，我们吃的任何一种食物、用的任何一样物品、穿的任何一件衣服，都不是凭空而来的，都是大自然的恩赐。我们应该懂得感恩大自然、感恩万事万物，这需要我们从身边的小事做起，比如，节约用水、用电，珍惜食物、物品，不乱扔垃圾，践行"光盘行动"，减少使用大自然不能"消化吸收"的物品（如塑料袋等），等等。我们也可以参加一些保护大自然的实践活动，让地球变得更美好。

感恩祖国的培养、护佑。

在一些发生战乱的国家，很多孩子无家可归，失去父母、兄弟姐妹，甚至奔波于枪林弹雨之中。相比之下，我们是幸福的，在祖国的护佑下，我们过着安宁而幸福的生活。也正因为祖国的强大，我们接受着良好的教育，享受着高品质的物质生活。我们应该感念祖国的培养与护佑之恩。现阶段好好学习就是感恩祖国的最好方式，长大后努力工作也是在为祖国效力。

感恩老师的辛勤教诲。

常听到这样一句话："父母给了我们生命，老师给了我们慧命（智慧的生命）。"没错，正是老师的"传道、授业、解惑"为我们指点了迷津、启迪了智慧，让我们学到了知识、实现了理想。而回报老师的最好方式，就是认真学习、好好做人，不辜负老师对我们的辛勤教诲。

感恩生活的种种际遇。

有这样一段话：

感谢伤害你的人，因为他磨炼了你的心志；感谢欺骗你的人，因为他增进了你的见识；感谢鞭打你的人，因为他激发了你的斗志；感谢遗弃你的人，因为他教导你应自立；感谢绊倒你的人，因为他强化了你的能力；感谢斥责你的人，因为他助长了你的智慧。

是不是很有启发意义呢？

生活不是一帆风顺的，而是充满了变数，我们会遇到各种各样的困难、坎坷。这时候，自己应该以平静、乐观的心态去看待所发生的一切。有句话不是说"上帝为你关上了一扇门，也一定会为你打开一扇窗"吗？我们与其在关着的门前苦恼不已，不如去窗外寻找一线希望。同时，我们也要感恩生活的种种际遇，因为这对我们来说是一次成长和历练。

第一章 好品格成就了不起的男子汉

务必要培养自己的同情心

当你遭遇困难或打击的时候,是否也曾渴望有个人来到你身边,对你说:"我很同情你目前的遭遇,也能理解你的感受。没事,一切都会好起来的",并拍拍你的肩膀,给你加油鼓劲。

这时候,你的内心是否会涌现出一股暖流?是否会鼓足勇气去面对困难?相信会是这样的。而对于那个安慰你、帮助你的人,你也会心存感恩,把他当成朋友,在他需要帮助的时候,也会毫不犹豫地帮上一把。

同样,面对遭遇不幸的人,如果你能在一定程度上感知、理解对方的感受,并给予他一定的帮助,相信他也能体会到这种被人安慰、帮助的幸福感,他会更愿意和你交往,并和你成为无话不谈的朋友。

这就是同情心,是对他人处境的一种情感认同和表露。表现在情感层面,是一种与他人的真实感受产生共鸣的能力;表现在行动上,就是对他人提供力所能及的帮助。所以,我们务必要培养自己的同情心,用心感知、体会他人的感受,并伸出援助之手帮助需要帮助的人。

英国哲学家培根曾经说:"同情在一切内在的道德和尊严中是最高的美德。"没错,一颗冷漠的心灵犹如一块贫瘠的土地,是培养不出任何美德的。如果一个人缺乏同情心,那么他的孝心、爱心、宽容心、同理心等也会慢慢被冻结。

此外,一个缺乏同情心的人,性格冷漠、孤僻、不易与人亲近,对周围的人漠不关心,无法用心感受他人的需要,甚至会把自己的快乐建立在他人的痛苦之上,人际关系也会出现危机。

相反,一个富有同情心的人,往往心地善良、性情温和,能够用心感

5

受他人的需要,更易于融入集体,建立良好的人际关系。

同情心的表现形式有很多种,比如,在他人受到委屈的时候说一些理解他、认同他的话,在他人遇到困难的时候伸出援手帮助他,在他人生病受伤的时候关心照顾他,这些都是富有同情心的表现。

而日常生活中的很多小事,都是培养同情心的好契机。

比如,遇到老爷爷、老奶奶过马路,我们走上前,说一句"爷爷(奶奶),来,把手给我,我牵着您的手过马路";看到有人不小心跌倒了,我们跑上前,将其搀扶起来,问一句"没事吧?快看看有没有受伤";如果有同学感冒了,我们关切地问一句"现在感觉好些了吗",再给同学倒杯热水……

也许在一些男孩眼中,这些都是微不足道的小事。不过,从生活的琐事中,更可以看出一个人的内在。如果一个人连小事都做不到,又怎能成大事呢?正如我们常说的:"不积跬步,无以至千里。不积小流,无以成江海。"

说到同情他人,你觉得最重要的是什么?下面这个小故事会带给我们启示。

一天,俄国作家、诗人屠格涅夫走在路上,一个穷人走到他面前,乞求他:"我肚子饿了,请你给我点钱,让我买个面包吃吧。"

屠格涅夫回答说:"好的。"然后,他把手伸进口袋掏钱,结果口袋里空无一物,他便对穷人说:"兄弟啊,实在是对不起,我今天没带钱出来。"

穷人连说:"谢谢你!谢谢你!"

屠格涅夫既感到惭愧又觉得惊奇,便问穷人:"我连一文钱都没有给你,你为什么还要谢谢我呢?"

穷人说:"我谢谢你救了我的生命。四十年来,我因为贫穷被社会遗弃,所以想到去自杀,而你是第一个叫我兄弟的人,让我感受到了温暖。"

面对穷人的求助,屠格涅夫虽然没能给予他物质上的帮助,但是从精神上让他感受到了温暖。这是一种充满尊重的同情!这种同情比载满悲痛情愫的同情更容易让人接受，也只有这种充满尊重的同情才能真正帮助他人。

事实上，真正的同情心，绝不是用可怜他人的心态施舍几块钱，也绝不是带着异样的目光去帮助他人。真正的同情，哪怕只是说一两句话，哪怕只是送上一碗热腾腾的饭，只要是充满善意与尊重的，也许就能让一个颓废的青年重获希望，也许就能让一个身残者获得重生。

面对身体有缺陷的人，我们不应该用怜悯的眼光去看待他们，不要说"真可怜，我很同情你"这样的话，我们没有资格同情他们，因为，当他们身残时，他们的灵魂也一样高贵、坚强。就像贝多芬，他虽然双耳失聪，但是他那"扼住命运的咽喉"的灵魂创作出了闻名于世的伟大乐章。西方有句名言：每个人都是被上帝咬了一口的苹果，都是有缺陷的，有的人缺陷大，是因为上帝更喜欢他的芬芳。我们应该以一颗平常心去对待那些缺陷更大的人，更应该敬佩那些身残志坚的"勇士"。

有时候，我们同情一些人的遭遇，最终却发现他们只是在博取同情，即便如此，也不要后悔之前的付出。因为，我们看重的是自己的内心，只要付出的是真心，这种同情是善意的、充满尊重的，其他的就不那么重要了。

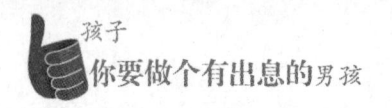

从小就懂得做人诚实、做事守信

想想看,你有没有曾经为了达到某种目的,或是实现某些愿望,而满嘴"跑火车"?有没有为了逃避责任、打骂而选择撒谎,嫁祸于他人?有没有因为考虑问题不周全,导致无法兑现自己的承诺?

也许,这些欺骗会让你达到某种目的、实现某些愿望、避开一些难堪的局面,但是,这些都是暂时的,用谎言编织的外衣是无法遮挡事实真相的。

大家从小就读过《狼来了》的故事:

有个放羊娃两次说谎骗人,大喊"狼来了",乡亲们听到呼救声急忙放下手中正在做的事去救羊,结果一看是假的。第三次,当狼真的来了的时候,他再喊"狼来了",乡亲们以为他又在说谎,就没有去救羊,结果他的很多羊都被狼咬死了。

这个故事揭示了一个非常简单的道理,就是做人要诚实。

孔子曰:"人而无信,不知其可也。"一个人如果不讲信用,那就不知道他还能做什么了。"信"是一个智慧的符号,左边是一个"亻",右边是一个"言",意思是"人言为信",一个人说出的话,就一定要兑现,要讲信用。

你一旦失信于别人一次,别人下次就不会再相信你了,也不愿意与你共事,如此,你的朋友会越来越少。而且,一个不讲诚信的人,是很难在社会上立足的,正如孟子所说的,"车无辕而不行,人无信而不立"。

"君子一言,驷马难追",作为一个顶天立地的男子汉,绝不能丢失诚信的品格,要重视自己的信用,懂得做人诚实、做事守信。前面提到的

第一章　好品格成就了不起的男子汉

《弟子规》，有专门的一节讲"信"，我们应该认真学习，按照上面的内容认真落实。比如，"凡出言，信为先。诈与妄，奚可焉"，这是在提醒我们，开口说话，诚信为先，答应他人的事情，一定要信守承诺，不可以说一些欺骗他人的话。

做人诚实、做事守信，说具体一点，就是说话算话，言行一致，不欺骗他人，不蒙混过关；做错了事情不推卸责任，而是勇敢地承认错误，并吸取教训，引以为鉴；凡是答应他人的事情，就要想方设法尽最大努力去完成，如果因客观原因而不得不失信于人，要主动向对方道歉，实事求是地向对方说明失信的原因，求得对方的谅解。

有这样一个富有哲理的小故事：

一个富翁的儿子问爸爸："怎样才能获得财富？"

"信用。哪怕是你因合同而亏损100万元，你也要履行承诺。"富翁说道。

儿子追问："如何才能不亏损这100万元呢？"

富翁说："那就不要签这份合同。"

看到这里，你有何感想呢？引申到诚信的话题上，就是在警告我们，在答应他人做某件事情之前，一定要慎重考虑。《老子》第六十三章写道："夫轻诺必寡信。"如果不事先考虑周详，就轻易承诺，这样的人必然会缺乏信用。

所以，在我们做出承诺之前，一定要慎重，首先要衡量自己的能力水平，如果能做到，就郑重地许下承诺，并尽心尽力去做，如果一时做不到，也不要因好面子而逞强，而是如实告知。同时，还要考虑这件事情是否符合道义，如果是有悖道义的事情，要坚定地拒绝。如果没有考虑清楚这两点，就轻易许诺，很容易令自己陷入进退两难的境地。

我们不仅要懂得做人诚实、做事守信，还要懂得变通。在这方面，孔子是一位真正掌握了诚信真谛的智者。

有一次，孔子与众弟子来到郑国，被一个反对儒学的权贵抓住了，威胁他们必须立即离开郑国，并保证不再传授儒学，否则就要杀头。孔子答

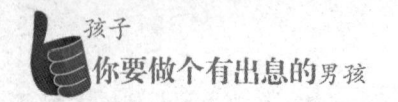

应了权贵的所有要求，最终被放行。但是，当他们离开郑国之后，孔子马上着手进行讲学。

弟子很不解，便问孔子："老师不是教我们要讲信用吗？既然已经保证了不再讲学，为什么现在却要进行讲学呢？"孔子笑着说："请问，讲学有没有错？没有错，那么郑人的要求就是无道的，那与无道之人约定就不必那么认真了。"

在践行"诚信"的时候，我们不要太过死板，而是要懂得变通，活学活用。比如，如果这个承诺是在被人逼迫的情况下做出的，如果这个承诺会伤害到自己和他人，如果这个承诺会给集体、家庭带来负面影响，那么就不要死板地信守承诺。

在这个问题上，我们可以遵循这样一个简单的原则：承诺要符合道义，真正为他人、家庭、集体着想，而不要只考虑自己的利益。

希望每个人都能真正懂得诚信的真谛！

第一章　好品格成就了不起的男子汉

明白"知耻近乎勇"的道理

知耻近乎勇，出自《礼记·中庸》，是孔子说的，意思是说，一个人只要懂得羞耻，就接近勇敢了。一个人无论做错了什么事情，只要他还有羞耻心，就会勇敢地面对自己的错误，并努力改正错误，这就是"勇"的表现。可以说，知耻是勇敢的前提，唯有知耻，才能唤起捍卫尊严的勇气。

所谓知耻，就是知道羞愧和荣辱。古人造字非常有智慧，"耻"在过去写作"恥"，左边是个"耳"字，右边是个"心"字，就是说，人每当听到自己的过错，便会从心中生出羞愧感。

孟子曰："无羞恶之心，非人也。"如果一个人没有羞耻之心，也就失去了做人的基础和前提。知耻是做人的标准，是道德人格的底线，它有力地维护着一个人的尊严。知耻这条底线一旦被突破，道德人格就可能面临着千里溃堤的危险。

也许你会说："有这么严重吗？这也太危言耸听了吧！"仔细想想，如果我们不懂得什么是耻辱，更不在乎耻辱，那么在做任何事情的时候就会不计后果，可能会做一些违背良知、道德的事情，甚至会因此毁掉自己的人生。即便一个人犯了再多错误、自身存在再多缺点、人生再糟糕，只要他的知耻心尚存，能够认识到自身的问题，就有可能幡然醒悟。

在法国，有一个男孩叫维克多·格林尼亚，他自幼过着奢侈的生活，不求上进，整天就知道吃喝玩乐、尽情享受。

有一次，格林尼亚参加了一场盛大的舞会，遇到了漂亮、端庄的波多丽女伯爵。他自以为是富家子弟，便上前邀请她共舞一曲。没想到，那位

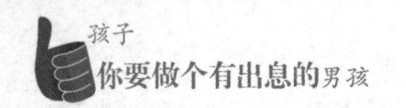

小姐谢绝了他,他并不死心,再三请她跳舞。那位小姐对他早有耳闻,不想与这种不学无术的纨绔子弟共舞,便指着他说:"我最讨厌像你这样不学无术的花花公子。"

这句话给了格林尼亚当头一棒,他觉得没有脸面再待下去了,便一个人回家了。回到家后,他一直在想波多丽女伯爵的话,感到自己除了吃喝玩乐,确实什么都不会。顿时,他觉得自己不能再这样继续下去了。

于是,格林尼亚给家里留了一封信,便到里昂去求学了。经过两年的刻苦努力,他考入了里昂大学。后来,他出色地完成了"格林尼亚试剂"的研究论文,获得了里昂大学博士学位。

1912年,格林尼亚由于在发明"格林尼亚试剂"和发现"格林尼亚反应"中做出了重大贡献而获得诺贝尔化学奖。获奖后,他收到了一封来自波多丽女伯爵的贺信,信里只有一句话:"我永远敬爱你!"

一个人做错事并不可怕,可怕的是不知羞耻。庆幸的是,格林尼亚因为过去虚度光阴、碌碌无为而感到了羞耻,开始反省自己的行为,并努力去改变这一切,最终成为法国著名的化学家。这就是知耻近乎勇!

要想掌握知耻的精髓,就要树立正确的荣辱观,心中要有一杆秤,知道什么事情该做,什么事情不该做。这样,当我们做了不该做的事情时,才会有羞耻之心,进而去改正。我们对"耻"了解得越细致、越透彻,就越能生起知耻心。

前面提到的《弟子规》就是很好的一本教材,全文虽然只有1 080个字、360句,但是涵盖了为人处世的准则。我们认真读一读《弟子规》,就会知道什么事情该做,什么事情不该做。在学习的过程中,我们还可以参照《弟子规》所讲的内容,对照自己平时的行为,看看哪些行为是需要改正的。

同时,在做每一件事情的时候,最好对自己进行一番"良心拷问",也就是说,要自觉地检点自己的一言一行,看看这种言行是否符合为人处世的准则,是否符合《弟子规》的要求。若是符合要求,就义不容辞地去做;若是不符合要求,就不要去做,如果已经动手做了,那就立即停止,并承担行为所带来的后果。

  总之，我们要明白"知耻近乎勇"的道理，要更好地维护自己的尊严和人格，不做任何触犯法律、违背道德的事情，要成为一个内心强大、人格健全的男子汉。

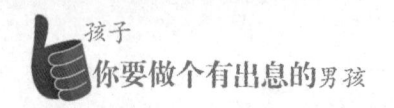

践行"吾日三省吾身"的教诲

谁都有年少轻狂的时候，也会偶尔一意孤行，在人生的十字路口，也许会感到迷茫，也许会做出错误的选择，走上布满荆棘的道路。然而，这一切并不可怕，因为，反省的那一瞬间，人生就出现了转机。

"反省能起到这么大的作用吗？"你一定会有这样的疑问。

法国著名牧师纳德·兰塞姆说过这样一句话："假如时光可以倒流，世界上将有一半的人可以成为伟人。"纳德·兰塞姆何出此言呢？一位智者是这样解读的："如果每个人都能把反省提前几十年，便有50%的人可能让自己成为一名了不起的人。"这句话道出了反省对于人生的重要意义。

人生百态犹如一面镜子，每个人的善与恶都清清楚楚地呈现在镜子里，智者借之反思警戒，愚者却沉迷不悟。智者与愚者的区别就在于，是否有反省的功夫。

所谓反省，就是一个人站在自身以外的角度，冷静地检查和反思自己的思想和行为。一个人只有通过反思，才能清楚地看到自己的错误和不足，才能更好地认清自己，从而不断修正自己。

孔子的得意门生曾子有这样一段论述："吾日三省吾身，为人谋而不忠乎？与朋友交而不信乎？传不习乎？"这里的"三"并不是一个具体的数字，而是多次、反复的意思。曾子每天多次反省自己，为别人办事是不是尽心竭力了呢？与朋友交往是不是做到诚实守信了呢？老师传授的知识是不是认真温习了呢？曾子反省的虽然只是一些日常生活中的琐事，但正是因为他懂得自我反省，最终成为一名贤者。

至于如何反省，一方面要理性地分析自己，对自己的言谈举止进行反

第一章　好品格成就了不起的男子汉

思和总结，不断修正自己、完善自己，另一方面还要学会从他人身上去反省，避免重蹈覆辙。只有做到全面的反省，才能真正使自己得到成长和历练。

先说理性地分析自己。我们最好每天都抽出一段空闲的时间，让自己的心尽量平静下来，然后回想这一天的言谈举止，看看哪里有不妥的地方，哪里做错了，并思考错在了哪里，同时还要思考做错的原因，是因为方法有误，还是想问题的角度不对，又或者是因为不认真，最后想办法改正错误。如此，我们才能避免犯同样的错误，才能取得进步。

我们都有这样的感受，人有时候很难看到自己的过失，却很容易看到他人的过失。我们正好可以利用这样的机会，以他人的行为来照见自己的行为。那么，我们要如何去做呢？要保持怎样的一种态度呢？

孔子曰："见贤思齐焉，见不贤而内自省也。"《弟子规》也有类似的阐述："见人善，即思齐。""见人恶，即内省。"这就是在提醒我们，看到他人身上的优点，我们就要努力向人家学习，争取向他看齐，跟他一样优秀。而看到他人身上的缺点或不好的行为，我们就要立刻反省自己的思想行为，看看自己是否像他人一样，也有这样的缺点或不好的行为。

不过，有的男孩在看到他人的"善"时，不是"思齐"，而是忌妒；在看到他人的"恶"时，不是"内省"，而是数落、指责。这种态度是不对的。想想看，如果你忌妒他人身上的优点，那么优点还是他的，你一无所有，如果你向他人学习，那么你就具备了这个优点，你就是收获者。怎么做更合适，相信你心中自有答案。

另外，看到他人的"恶"，我们要保持"有则改，无加警"的正确态度，也就是说，要尽快反省自己，看看自己是否经常犯类似的错误，如果也曾犯过类似的错误，就要赶紧改正，如果没有的话，也要将其当成一种警示，时刻提醒自己不要犯类似的错误。

我们把他人行为的善或恶当成一面镜子，以此来照见自己的言谈举止，并采取"择其善者而从之，其不善者而改之"的心态，如此，我们的德行和学问都将得到一个质的飞跃。

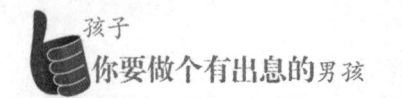

那么，我们是不是只要认识到自己的错误，就算是反省了呢？当然不是，反省要取得成效，关键在于付诸实践，否则反省就失去了意义。这就好比制订了一个近乎完美的计划，如果一直都没有采取实际行动，那么计划就变成了一纸空文。要记住，反省不是随随便便喊几句口号就可以了，而是要付诸行动。

我们可以建立一个"自省档案袋"，把自己反省及改进的情况记录在卡片上，每隔一段时间就进行一次总结，看看自己是否真的改正错误了。如果没有改正错误，就将相应的这个卡片从"自省档案袋"拿出来，将之贴在显眼的地方，时刻警示、提醒自己抓紧时间采取行动。

总之，我们要时刻践行"吾日三省吾身"的教诲，将"反省"当成每日必不可少的功课之一。

拥有节俭的好品质

一提到"节俭",很多男孩就会觉得,现在都什么时代了,还学这老掉牙的东西?节俭真的成为过去式了吗?当然没有。

唐代著名诗人李商隐在《咏史》中写道:"历览前贤国与家,成由勤俭败由奢。"勤俭能使国家昌盛,而奢侈会使国家灭亡。其实,不只是一个国家,一个家庭、一个人要想得到更好的发展,都离不开"勤俭"二字。还有,古人说:"俭以养德。"节俭有助于养成质朴勤劳的德操。

然而,随着生活水平的提高,很多男孩已经没有了节俭的意识,认为节俭丢人、寒酸,甚至以俭为耻、以奢为荣,凡事爱讲排场,平时花钱大手大脚,吃、穿、用上处处讲究名牌,随便丢弃食物,至于珍惜一滴水、一度电、一张纸的节能意识更无从谈起。

"谁知盘中餐,粒粒皆辛苦",这是我们从小背到大的古诗,而在一些男孩看来,浪费一粒米饭没什么可小题大做的,有的男孩在食堂吃饭,米饭吃一口就扔掉。这样的行为可能演变成花钱大手大脚、随意浪费的坏习惯。

法国小说家巴尔扎克曾经说:"对于浪费的人,金钱是圆的,可是对于节俭的人,金钱是扁平的,是可以一块块堆积起来的。"只要仔细观察那些拥有巨额财富的人就会发现,他们当中的很多人都过着非常节俭的生活,这体现了他们的生活态度。

山姆·沃尔顿创立了闻名全球的沃尔玛公司,是全球最大的零售业王国。"沃尔玛"这个名字的由来,充分体现了山姆·沃尔顿的节俭精神。

按照美国人的习惯,公司都是以创业者的姓氏命名。所以,公司的名

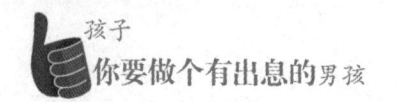

字应该叫"沃尔顿玛特"（Walton-Mart）。然而，沃尔顿核算了制作霓虹灯、广告牌、电气照明的成本之后，发现如果省掉"ton"这3个字母，就会节省一笔钱。于是，公司的名字只保留了"WALMART"这7个字母，即沃尔玛。

山姆·沃尔顿和他的家族虽然是世界上最富有的家族之一，但是他们的生活却过得非常俭朴。他没购置过豪宅，一直住在一座小镇上的普通房子里，经常开着自己的旧货车进出小镇，还时不时亲自给超市送一下货。

沃尔玛公司有一个规定，高级管理人员出差只能乘坐二等舱，住双人间，就连山姆·沃尔顿本人也不例外。当公司总资产达到100亿美元的时候，沃尔顿出差仍然住中档饭店，与同行人员住一个房间，在廉价的家庭饭馆就餐。

在沃尔玛公司，做广告从不请明星助阵，而是邀请员工或员工的孩子来做；打印纸要求双面使用。仅仅这两项，公司每年就可以节省百万美元。

山姆·沃尔顿虽然一直以节俭来要求自己和公司，但是对他人却不吝啬，他曾向美国5所大学捐出数亿美元，并在全国范围内设立了很多奖学金。

一个拥有巨额财富的人，没有豪宅，不开豪车，不坐头等舱，不住总统套房，不吃山珍海味，一直过着节俭的生活，这是多么的难能可贵啊！相比之下，想想我们在平日的生活中，是否应该向山姆·沃尔顿学习节俭，是否应该拥有节俭的好品质呢？

关于吃和穿，《弟子规》提出了一个原则："衣贵洁，不贵华。上循分，下称家。""对饮食，勿拣择。食适可，勿过则。"穿衣服应该考虑自己的身份，衡量家庭的经济状况，不要追求名牌、奢华，不要喜新厌旧。衣服只要整洁、穿着舒服，能够遮羞保暖，这就足够了。日常饮食中，不要挑食，也不要吃得过多导致自己不舒服，能吃多少就盛多少，践行"光盘行动"，如果是去饭店吃饭，吃不完的饭菜就打包带回家。

在日常小事中，我们也要养成节俭的习惯，比如，学习用品要节约，不能因为写错了一个字就撕掉一张纸，可以擦掉错字继续用；不要丢掉没写完的作业本，可以留作草稿纸，并养成双面用纸的好习惯；节约用电，离开房间要随手关灯，不看电视、不玩电脑时要随手关掉电源；节约用水，水龙头不要开得太大，用完要关紧水龙头，洗衣服的水可以用来拖地或冲马桶；等等。

此外，我们还可以有效利用废旧物品，比如，用布的边角料缝制沙包；用饮料瓶制作风铃；用易拉罐做个花篮；用蛋壳彩绘，制作不倒翁或蛋壳娃娃；等等。这样既可以培养节俭的好习惯，又是一种手工劳动练习，益处多多。

不过，我们千万不要把节俭与吝啬混为一谈。这二者之间存在着本质的区别，节俭是一种美德，是在生活中节约财物，而吝啬是一种恶习，是舍不得用钱财周济贫穷之人。要知道，节俭会让生活变得更美好，获得更大的财富，而吝啬只会让生活变得黑暗，甚至会阻塞通往财富的道路。所以，我们要对己节俭，对人不吝啬。

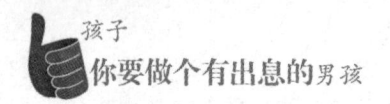

把谦虚变成自己的一种习惯

大家有没有注意过谷穗，有的谷穗昂首挺胸，因为它们没有结出果实，是瘪的，而果实越是饱满的谷穗，它们就越是弯腰下垂。做人也是一样，有的人趾高气扬，因为他腹中空空，而有真才实学的人，往往谦虚低调。

古老的《易经》一共有64卦，每一卦爻中，都有"吉"、"凶"，唯有"谦"卦，每一爻都是"吉"。可见，谦虚对一个人的一生是非常重要的。谦虚是我们成长与做人不可或缺的品格之一，它有助于我们比较清醒地认识自己所取得的成绩和存在的问题，有助于我们得到更快的成长。

骄傲是谦虚的对立面，是人生道路上的绊脚石。骄傲自大的人，就像井底之蛙，视野狭窄，总认为自己比别人强，看不到自己的不足，听不进别人的劝告，甚至会故步自封，这将严重阻碍自己前进的步伐。而且，骄傲的人会变得自私、狭隘，进而影响人际交往。

反思自己，有没有因为取得一点成绩或进步就沾沾自喜？有没有因为比同学做得好就骄傲自满，甚至看不起同学？当我们出现骄傲的苗头时，要记得提醒自己，任何成绩都只是阶段性的，只能作为一个起点，而知识是无边的海洋，我们要努力学习，不断充实自己；每个人都有不同的优势，当前的优势只是未来发展的一个可能性，这种优势只是限定在一个很小的范围内，如果放到一个更大范围内就可能淹没在更多的优秀者中，因为天外有天，人外有人，所以我们更要积极进取，让优势得到充分发挥，而优势往往是和不足并存的，所以也要努力弥补自身的不足。

给大家讲一个故事吧。

第一章　好品格成就了不起的男子汉

有一个男孩很喜欢写作，邻居芬凯洛太太经常借给他书看，而且很赏识他写的文章。在不知不觉中，他开始骄傲起来。

一次，男孩彻夜写完一篇文章，觉得非常满意。第二天，天刚刚亮，他就迫不及待地跑到芬凯洛太太家敲门，希望得到她的赞扬。但是，由于时间太早，她还没有起床，仆人拒绝让他进去。他感到很生气，和仆人大吵起来。芬凯洛太太听到争吵声后，赶紧走了出来。

芬凯洛太太看了男孩的文章，虽然觉得写得很不错，但是嘴上却说："这样的作品，难道你就已经满意了吗？我觉得还有很大的提升空间。"男孩原以为会得到赞扬，没想到却得到了一番数落，愣在那里不知所措。芬凯洛太太继续说："一个人要想取得成功，必须具备谦虚的品质，要不满足于现在所取得的成绩，这样才能进步。"

听完这番话，男孩终于明白了芬凯洛太太的良苦用心。从此以后，他怀着谦虚好学的心态，努力学习，广泛阅读书籍，不断充实、完善自己，最终，他成功地写出了《白雪公主》《海的女儿》《丑小鸭》等著名童话故事。

看到这儿，大家一定知道这个男孩是谁了吧？没错，他就是家喻户晓的童话大师——安徒生。在他骄傲得忘乎所以的时候，是芬凯洛太太点醒了他，告诉他要具备谦虚的品质，让他不要满足于已经取得的成绩，而是要积极进取，最后才有了他的成功。

中国有一句至理名言："满招损，谦受益。"骄傲会使人招来损失，谦虚会使人受到益处。古今中外，大凡有成就的人，往往都比较谦虚。

古希腊著名哲学家苏格拉底被公认为最聪明的人，每当有人称赞他学识渊博、才智超群时，他总是谦虚地说："我唯一知道的事情，就是我自己的无知。"英国伟大科学家牛顿认为自己认识的东西跟大自然比太渺小了，他曾说："在科学面前，我只是一个在岸边捡石子的小孩。"

他们都取得了巨大的成就，却一直保持着谦虚的态度，既没有觉得自己了不起，也没有看不起他人，而是把自己放在很低的位置，认为自己还有很多需要学习的知识。对于知识浅薄的我们而言，又有什么理由不谦

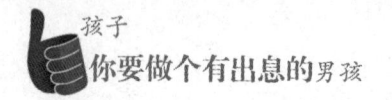

虚呢？

　　我们要把谦虚变成自己的一种习惯，但并不是以牺牲自信为代价。当你取得好成绩或进步时，你可以跟别人去分享这份成功与喜悦，可以有一种自豪感，这不属于不谦虚的范畴，而是一种正常的心理满足。只不过，我们不要到处炫耀自己的优越感，在高兴之余，要知道自己还要学习更多的知识，还要向更多的人学习。

　　可以说，谦虚表现在做人上，是一种低调不张扬的心态；表现在学业上，是一种奋发进取的精神。

第一章 好品格成就了不起的男子汉

做一个正直又懂变通的人

你见过古代的钱币吗？它是什么样子的呢？古代钱币的形状绝大多数都是外圆内方的，故有"孔方兄"这个形象的称谓。

古人提出"外圆内方"是很有道理的。将其运用到做人方面，"方"为做人之本，即一个人做人做事都要有自己的原则，做个正直的人，坚持正道，不畏强势，不为他人所左右；"圆"为处世之道，即一个人做事要讲究技巧，懂得变通，使自己进退自如、游刃有余。说白了，在为人处世方面，内心要有固守的准则，做人要正直，对外要圆通豁达，处世要懂得圆通。

如果一个人过分追求"内方"，凡事都要求有棱有角，却不懂得"外圆"，不懂得变通，必将碰得头破血流；相反，如果一个人过分追求"外圆"，看上去八面玲珑、圆滑透顶，却不懂得"内方"，不坚守自己的原则，也必将迷失方向。所以，做人做事必须要方中有圆，圆中有方，做一个正直又懂变通的人。

为了更好地理解正直与变通，给大家讲个故事吧。

海瑞任淳安知县时，浙江总督胡宗宪的儿子带着一大批随从经过淳安县，住在了县里的官驿。要是别的官吏，见到总督大人的儿子，奉承都还来不及呢，而在淳安县，海瑞立下了一条规矩，不管是达官，还是贵戚，一律按照普通客人招待。

胡公子养尊处优惯了，看到驿吏端上来的饭菜，认为是有意怠慢他，气得掀翻了桌子，并命令随从把驿吏捆绑起来倒吊在房梁上。

官驿的差役见此情形，急忙报告海瑞。海瑞知道胡公子招摇过境，本

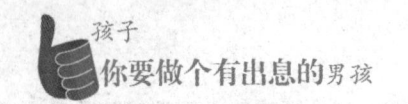

来就已经感到厌烦了，如今又把驿吏倒吊在房梁上，觉得非管不可了，便说："总督是个清廉的大臣，早有吩咐，各县招待达官贵戚的时候，不得铺张浪费，现在看来，那个人应该不是总督的公子，一定是有人冒充公子到本县招摇撞骗。"

说着，海瑞带着一大批差役赶到官驿，把胡公子和他的随从统统抓了起来，并带回县衙审讯。一开始的时候，胡公子仗着父亲的官职权势，态度骄横，不过，海瑞一口咬定他是假冒总督公子，还说要重办他，他这才泄气。海瑞命人从胡公子的行装里搜出几千两银子，将其没收充公，还把他狠狠地教训了一顿，将他撵出淳安县。

还没等胡公子回到杭州向父亲告状，海瑞的信件就已经送到了巡抚衙门，说是有人冒充胡公子非法吊打驿吏。胡宗宪明知儿子吃了大亏，但是海瑞的信件里并没有牵连到他，如果他把这件事情声张出去，反而失了自己的体面，无奈之下，他只好打落门牙往肚子里咽。

海瑞秉公办事，没有因为胡公子的身份而退缩，同时，他又懂得变通，以假冒总督胡宗宪儿子的名义重办了胡公子，并及时报告巡抚衙门，没有因为教训胡公子而被胡宗宪治罪。试想，如果海瑞不懂得变通，很可能会因得罪胡宗宪而遭到报复。

从古至今，像海瑞这样正直的人举不胜举，他们一身正气、刚直无私，不为金钱美色所诱惑，不向权势高压低头，不因亲朋好友徇私情……我们应该向他们学习，从小就做一个正直的人。

有的男孩可能会担心，做人太正直会不会得罪人？会不会因此而受到伤害？因正直而得罪人或受伤害的事情也确有发生，比如，有的人在歹徒抢劫时挺身而出，没想到却因势单力薄而被歹徒打伤。不过，我们不能因为害怕得罪人或害怕受伤害而放弃做一个正直的人，而是要学会变通，根据遇到的不同情况，做出非原则性的变动。

比如，在面临险境或遇到突发事件的时候，采取藏巧于拙、装糊涂、扮可怜的策略，往往比不自量力的鲁莽行为要明智得多。留得青山在，不怕没柴烧，只有先保住自己的生命，才能想办法解决问题。

再比如，我们在听课过程中发现老师讲错了，如果直接指出来，可能会让老师感到尴尬，还可能会影响老师在同学们面前的威信，如果懂得变通，下课之后单独找老师说，或是写个小纸条递给老师，这样老师会欣然接受，也会感谢我们在私下指出他的错误。

我们在处事时需要变通，但是也不能因此而丢掉自己的原则，无论到什么时候，那些根植于内心的正确的处事原则是不能改变的。

◆ 第二章 ◆
让男孩有出息成大器的那些能力

谁都希望长大后能成就一番事业,不过,仅有远大的志向还不够,仅凭优异的学习成绩也不行,除了这些,还要拥有让自己有出息、成大器的那些能力。否则,再远大的志向,再美好的意愿,也终将成为"镜花水月"。要知道,能力比知识更重要。

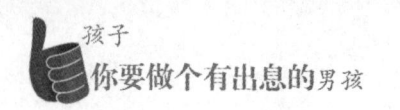

提升自己与人交往的能力

一个人立足于社会，应主动地与周围的人交往，迅速地适应集体生活，与他人保持良好的人际关系，而不是变成一个被周围人忽略的对象，或是一个不受欢迎的对象，这是一种非常重要的能力——人际交往能力。

美国著名成功学大师戴尔·卡耐基曾这样说："一个成功者，专业知识所起的作用是15%，而交际能力却占85%。人际关系的和谐、交往本领的高强，是未来社会判断成功者的重要标准。"由此可见，提升与人交往的能力是非常重要的。

然而，由于我们涉世未深，心理还不够成熟，在与人交往的过程中难免会遇到各种各样的问题和困惑，而这不仅会影响人际关系的发展，还会影响性格和品质的形成。所以，我们要不断提升自己与人交往的能力。

这种能力不是与生俱来的，而是在与他人交往的过程中逐渐形成和发展。如果我们没有给自己创造与人交往的机会，那么就很难形成交往的概念，自然也就很难提升与人交往的能力。

与人交往的机会有很多，比如，积极参加学校组织的集体活动，加入自己感兴趣的学校社团，结交一些有相同志趣爱好的新朋友；到同学家做客，或是邀请同学来家里玩；节假日的时候，和同学相约一起出去玩；经常到小区广场上玩，结识更多的同龄人，也可以和他们相约每天的某个时间段来广场上玩。

此外，我们还可以到不同的地方，与不同年龄、不同职业的人交往，在互动中增强交往能力。比如，到饭店吃饭时，主动向服务员询问饭菜的情况；到书店买书，可以和其他来买书的小朋友交流，谈一谈各自喜欢什么类型的书，最近看过的书，有何感受；参观博物馆时，大胆地向解说员提问；去某个地方游玩，和工作人员交流，获取自己所需的信息。

只要我们用心，任何地方都能创造与他人交往的机会。有了这样的机会，接下来就会涉及如何与人友好相处的问题。我们虽然都有与人交往的强烈愿望，但是往往由于交往的方式、方法不当，在交往中处处碰壁，甚至导致交往无法继续。因此，交往也需要一定的技巧。

与人交往离不开语言沟通。如果我们善于用语言交流，说话有礼貌、有分寸，懂得看场合，在人际交往方面就会顺畅得多；如果我们说话没有礼貌，不分场合，想说什么就说什么，往往会到处碰壁。

大家一定有这样的切身体会，一个彬彬有礼的男孩一定比一个粗鲁的男孩更受欢迎。我们要学会使用礼貌用语，如"请""谢谢""对不起""不客气"等，学会用商量的语气说话，多使用"可以吗""好吗"等，这些神奇的话在与人交往时很有效。

同时，我们也要掌握一些说话的小技巧。比如，谈话要谈对方感兴趣的话题，一旦发现对方表现出不耐烦的情绪，最好终止这个话题；用幽默的方式与他人沟通，一两句幽默的话，往往能给身边的人带去欢声笑语，还能使紧张的气氛轻松下来；学会赞美他人，但这并不是随便说几句恭维话就能奏效的，而是要发自内心地赞美他人；等等。这些小技巧有助于提高我们的说话水平，促使我们更顺畅地与人交往。

我们还要学会与人交往的技巧，比如，遵守游戏规则，玩游戏输了不能发脾气、不能耍赖；学会等待、分享，不要跟伙伴争抢玩具；与同伴友好相处，不要动手打人；不要凡事以自我为中心，要顾及他人的感受；不要斤斤计较，要懂得礼让；不要想干什么就干什么，要懂得征求同伴的意见。

人际交往中难免会发生矛盾和冲突，而善于解决这些矛盾和冲突是高水平的交往能力的标志。遇到矛盾和冲突时，首先要保持冷静，然后想一想是什么原因引起的，先检讨自己的问题，看看自己有什么地方做得不

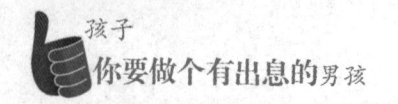

对，并设身处地地为他人着想，如果确实是自己的问题，要主动向对方道歉，争取对方的谅解。

对于我们来说，能够顺利地与人交往，提升与人交往的能力，不管对现在，还是对未来，都是大有裨益的。

尽早学着规划自己的人生

你想过长大后要做什么吗？想过将来要成为一个什么样的人吗？想过自己的未来吗？规划过自己的人生吗？在你看来，这些也许有些遥远，可以等到长大一些再说。其实不然，人生需要规划，无论多远的未来，都是从今天开始的，不是吗？

所谓人生规划，就是一个人根据个人发展的志向和社会发展的需要，合理配置自身的有限资源，对自己未来的发展道路提前做出规划和设计。

说得简单一点，人生就好比是一场旅行，旅途中充满着诸多不确定性，可能会一帆风顺，也可能会布满荆棘，如果没有制定一份旅行规划，只是漫无目的地到处乱走、乱逛，那么很可能会错过美丽的风景，也可能会被各种奇妙有趣的事物诱惑，或者是被危险所吞噬。

如果我们没有尽早规划自己的人生，那么就会在不知不觉中让时间悄悄溜走。没有人生规划这座灯塔的指引，我们还能找到前进的方向吗？面对扑面而来的诱惑，我们还能挺过去吗？或者有可能会误入歧途，因一无所成而抱憾终生。

如果是因为没有制定一份旅行规划而影响了旅行，还可以重新再来。但是，如果是因为没有做好人生规划而走错人生路，还能再重新走一回青春之路吗？当然不能，生命和青春一旦流失，将永远也无法挽回。所以，尽早学着规划自己的人生，这是非常必要的。

为了更好地规划自己的人生，我们首先要正确认识自己，唯有这样，才能对自己的人生坐标进行准确定位。不过，正确认识自己绝不是一件容易的事情。因为，我们往往只能看到自己的长处，而忽略或看不到自己的

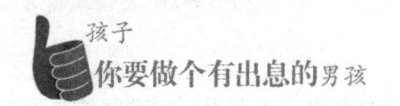

短处，所以才有"人贵有自知之明"的说法。

要正确认识自己，必须换一个角度看自己，跳出自我，以客观、求实、公正的态度，对自己进行全方位的剖析，不仅要看到自身的优势，还要觉察到自身的劣势，并依据自己的个性特点、兴趣爱好等，以过去为参照，对现状进行分析和反省。当认识到自身的不足时，我们就开始进步了。

同时，我们还可以经常和长辈、朋友谈论自己，参照别人对自己的评价，看看别人眼中的自己是什么样子的，这样能够更全面、更客观地认识自我。

不过，我们不能将对自己的认识一直停留在以往的认知上，而是要学会用发展的眼光看待自己，发挥自身的优势，弥补自身的不足，从而不断完善自我。之后，我们就可以初步设计人生的规划蓝图，建议从制定人生目标入手。

有这样一个调查研究值得我们来看一下：

哈佛大学的调查人员曾经进行了一项关于"目标对人生影响"的跟踪调查，调查对象是一些智力、年龄、学历、环境等客观条件都差不多的年轻人，调查结果发现：27%的人没有人生目标，60%的人只有模糊的人生目标，10%的人有比较清晰的短期目标，只有3%的人有非常清晰的长远目标。

25年后，调查人员公布了调查结果：那些拥有清晰长远目标的人不曾更改过目标，他们几乎都成了社会各界的精英；那些拥有比较清晰短期目标的人都是各专业、各领域的成功人士；那些只有模糊人生目标的人则大多生活在社会中下层，能够安稳地生活、工作，却没有特别的成就；而那些根本就没有人生目标的人生活在社会的最底层，工作不稳定，生活不如意。

可见，目标对人生有着巨大的导向作用，可以给人的行为设定明确的方向，你制定了什么样的目标，就会有什么样的人生。

你一定要想清楚，你的人生定位到底是什么？是想涉足政治领域，以谋求某一职位而施展政治抱负为目标,还是从商,以获取财富为目标?是想成为一名技术人员,还是想成为一名在教坛耕耘播种的教师?是想从事文艺、体育职业,成为一名音乐家、舞蹈家、体育明星,还是想成为一名记者、编辑、制作人?

人生目标一旦确立,接下来就需要将它分解成若干个阶段性的目标,这样有利于目标的一步步达成。最有效的方法,就是像剥洋葱一样,将人生目标分解成几个五年或十年的长期目标,再将每一个长期目标分解成若干个一两年的中期目标,再将中期目标分解成若干个三个月或六个月的短期目标,再将短期目标分解成周目标、日目标。不管目标有多大,一定要分解到你知道自己具体应该去做什么为止。

实现目标的过程,就是由日目标、周目标一直到人生目标,一步步前进。只要我们着眼于日目标、周目标,每次实现一个日目标或周目标,就能体会到成功的喜悦,而这将推动自己去实现下一个目标,从而一步步实现人生目标。

只要我们能够尽早确立人生目标,尽早规划自己的人生,就会远离盲目、懈怠、散漫等消极的思想和行为,就会积极、主动地投入学习中,从中历练自己,书写属于自己的精彩人生。

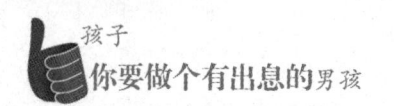

增强危机意识，提升危机处理能力

先来看一则伊索寓言：

一只野猪正对着树干磨它的獠牙，狐狸看到后觉得奇怪，便问："你为何不躺下来休息一下呢？现在又没有猎人和猎狗。"野猪是这样回答的："要是等到猎人和猎狗出现时再来磨牙，就已经来不及了！"

是啊，当危机来临时，野猪还有时间去磨牙吗？到那时，它只能坐以待毙了。野猪时刻准备着迎接危机，这说明它有一种危机意识。动物尚能如此，更何况我们人呢？

如果我们没有足够的危机意识，就无法预见可能存在的危机，那么一旦遇到危机，往往会手足无措，不知如何应对，结果导致很多本应避免的遗憾。反之，我们才能在激烈的竞争中做好一切准备，才会有能力和力量去应对危机，才能更好地保护自己，才能在这个社会上立足。

《左传》曰："居安思危，思则有备，有备无患，敢以此规。""居安思危"，处在安乐的环境中，要想到可能会发生的危险，这是一种超前的危机意识，能让人在危机来临之前保持冷静，进而想办法化解危机。

在这个瞬息万变的时代，到处充满着机遇与挑战，当然也少不了危机。没有危机意识，就会时刻面临"杀机"；时刻保持危机意识，具备危机处理能力，就会迎来"生机"。无论是一个民族、一个企业，还是个人，都是如此。

海尔集团董事局主席兼首席执行官张瑞敏的企业生存理念是：永远战战兢兢，永远如履薄冰。

联想集团董事长柳传志曾经说："我们一直在设立一个机制，好让我们的经营者不打盹，你一打盹，对手的机会就来了。"

戴尔公司创始人、董事长兼首席执行官迈克尔·戴尔坦言："我有的时候半夜会醒，一想起事情就害怕。但如果不这样的话，那么你很快就会被别人干掉。"

微软公司创始人比尔·盖茨经常对微软员工说："我们离破产永远只有 18 个月。"

仔细想想这些成功人士的话，就能看出他们都具有危机意识，害怕被人干掉或破产。正是因为有这样的危机意识，他们才能用清醒的头脑去应对危机。可以说，危机感成了这些企业走向成功的强大动力。

再想想我们自己，有没有像他们一样，时刻保持着危机意识？当我们学习有了进步，取得好成绩的时候，我们有没有想过，这样的好成绩能保持多久？如果不继续努力，是否会被同学超越？

要知道，没有什么比昨天的成功更加危险的了，最好的时候可能就是最不好的开始，因为，危机往往会在这个时候悄悄来临。因此，我们不能沉醉于以往的成功中，而是要永远保持一种"如履薄冰"的危机意识。

不过，这种危机意识也要有个度，不可太过，如果每天都想着"如果被人超越了怎么办""如果失败了怎么办"，将无法集中精力在应该做的事情上，这样就会失去很多机会，也会变得多疑、懦弱。

这里所说的危机意识是，凡事都要想在前头、做在前头，在心理上对危机有所认识和准备，做到防患于未然，而不至于在遇到危机时不知所措。

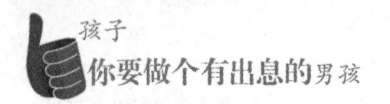

培养时间管理的能力，惜时如金

世界上有一样东西，它是最长的也是最短的，它是最快的也是最慢的，它最不受重视但却又最受珍惜；没有它，什么事也无法完成，这样的东西可以使你渺小到消失，也可以使你伟大到永续不绝。

这是法国启蒙思想家伏尔泰曾经提出的一个谜语，你知道谜底是什么吗？没错，它就是时间。对于每个人来说，时间都是公平的，每天都有 24 小时，谁也不会多，谁也不会少。只不过，有的人惜时如金，不放过每一分每一秒，并善于管理时间，把一分钟变成两分钟，把一小时变成两小时，总能把有限的时间变得更有利用价值。

一分钟可以做什么事情？你想过这个问题吗？这看似短暂的一分钟，很少有人去爱惜它，总是任它从指缝间溜走。一分钟虽然只有短短 60 秒，但千万不要小看这短暂的时间，60 秒一样可以做很多事情。

一分钟可以做 20 道口算题，可以阅读一篇三四百字的文章，可以看 5～10 个精彩的广告短片，可以做二三十个仰卧起坐……尽管一分钟只有短短的 60 秒，但我们的生命不就是由无数个一分钟组成的吗？如果每个人都惜时如金，珍惜每一分钟，那么我们就能做出更多有意义的事情。

在规定时间内完成任务。

无论做什么事情，都要事先估算出完成这件事情所需的时间，比如，写作业需要 40 分钟，打扫卫生需要 20 分钟，早起洗漱需要 10 分钟，等等。接下来，我们就要在这个规定时间内完成任务。

由于有时间限制，你就会对自己所做的事情有一个整体把握，在做的过程中，也会比较清楚自己进行到了哪一个环节，用了多长时间，还剩下多少时间，这样，你可以对时间和精力进行有效分配，从而提高做事的效率。完成一件事情之后，我们最好记录实际使用的时间，并将之与预计使用的时间做一个对比，从而改进自己的时间管理。

做事分清轻重缓急。

时间管理大师帕累托曾经说："时间管理的重点不在于时间多少，而在于如何分配时间。你永远没有时间做每件事，但你永远有时间做对你来说最重要的事。"没错，一个人的时间和精力都是非常有限的，要想做好每一件事情几乎是不可能的，我们应该区分事情的轻重缓急，先集中时间和精力做重要且紧急的事情，再处理那些无关紧要的小事、杂事。这是时间管理最关键的秘诀。

在具体应用中，我们可以把一天要做的事情全部记录下来，然后按照重要不重要、紧急不紧急来划分，一般可以划分为四类：重要性高、紧急性高；重要性高、紧急性低；重要性低、紧急性高；重要性低、紧急性低。

针对上述四类，列出次序：首先集中精力完成重要且紧急的事情，再完成重要但不太紧急的事情，然后完成紧急但不太重要的事情，最后完成不重要也不紧急的事情。至于如何分辨事情的轻重缓急，就要根据个人的实际情况来决定了。

学会统筹安排需要做的事情。

时间管理的另一个关键问题就是统筹安排。举个简单的例子，你要烧开水、做饭，有两个办法，一个是先烧开水，水烧开之后再做饭，用时1小时；另一个是烧开水和做饭同时进行，用时40分钟。二者效率高低不言自明。

虽说我们需要专注于一件事情，不能一心多用，但很多事情是可以同时进行的，这样既能提高时间利用率，又能提高做事的效率。因此，我们要学会根据事情的特点和需要的时间统筹安排，在最短时间内完成尽可能多的事情。

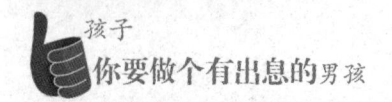

善于利用时间的"边角料"。

在裁缝店,无数的"边角料"被废弃,不过,对于有心的裁缝师,却可以别出心裁地将这些"边角料"制作成奇特的衣服。一个人无论多么忙碌,都会有些许时间的"边角料",对这些时间的"边角料"要么加以利用,要么白白浪费。

一些时间的"边角料"看似微不足道,但是一分一分的时间积少成多,就是一个惊人的数字,如果善于利用这些"边角料",并将它合理地安排到学习或生活中,就可以从中得到更多收获。

比如,上学或放学的路上,可以背诵古诗、英语单词,也可以回忆当天所学的知识,当然要在保证安全的前提下进行;吃饭、打扫卫生的时候,可以听一听与课本配套的英语录音;等人的时候,可以拿本书看。一个会利用时间"边角料"的人,往往能比其他人做更多的事情。

学会团队合作，去体验集体力量

大家看一下"人"这个字，是一撇一捺相互支撑起来的，这说明人与人之间需要支撑、合作。随着社会的快速发展，社会分工越来越细化，一个人单打独斗的时代已经成为过去，人与人之间更加强调合作共赢。人多力量大，人多智慧多，大家集思广益、一起动手，这比单打独斗收获的效益要大得多。

就一个团队而言，每个人都拥有与众不同的优势、兴趣等，而这些往往在合作中可以发挥很好的作用与价值，可以更好地实现互补、协调，而且每个人都可以更大限度地实现自己的价值。大家一起合作，也可以催生出一些自己单独做事所难以产生的创造性的灵感。

当然，这里所说的合作，并不是让我们事事都依赖他人，而是要借助他人的力量，有效利用资源，去完成那些自己不能单独做好的事情，从而获得更大的共同利益。

来看这样一则故事吧！

一位教育家来到一所学校，找来三个小学生，让小学生按照他的指示做一个游戏，只见他从手提包里拿出一个瓶子和三个系着绳子的小铅锤，他把瓶子放在地上，把三个小铅锤分给三个小学生，让他们先后把小铅锤放进瓶子里。

然后，教育家对三个小学生说："这个瓶子就好比是一口井，你们手里拿着的小铅锤代表你们自己，现在井里没有水，井口很窄，一次只能上来一个人。好，下面，我要往井里灌水。"

教育家开始往井里灌水，一边灌，一边喊："危险！快上来！——

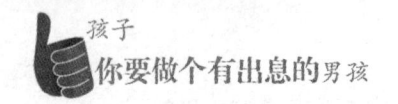

二……"

其中一个小学生低声对同伴说："你第一，他第二，我最后。"

教育家的"三"字刚说出口，三个小学生就顺利地把小铅锤一个个提了出来。

教育家问这个小学生："你刚才和他们说了什么？"这名小学生如实告诉了他。教育家又问："你为什么要这样做？"他不假思索地说："我们必须团结在一起才能成功脱险。"

教育家非常激动，对周围的人说："这个实验我已经做过很多次了，每次他们都是争着往外提小铅锤，结果小铅锤都堵在了瓶口，一个也没有提出来。今天，我的实验终于获得了成功。"

这就是合作的力量！

如果我们总是喜欢单打独斗，就无法感受到合作究竟有什么神奇的力量，也无法体会到合作所带来的快乐。所以，我们要多参加一些集体活动，如辩论赛、拔河比赛、接力赛、两人三足游戏、羽毛球双打等。在集体活动中，我们会亲身体会到，每个人都有不同的分工，只要每个人都做好自己的本职工作，就能在更大程度上获得胜利，产生"1+1＞2"的效果。

信任是合作的基础，如果连起码的信任都做不到，那么团队协作就是一句空话，整个团队就形同散沙，毫无力量可言。团队成员之间要建立相互信任的关系，要充分相信彼此的品格、能力，无论是在承受压力与困惑的时候，还是在面临危机与挑战的时候，都要相互信赖，在团队内部形成一种互信的互动能量，所有成员都拧成一股绳，齐心协力，朝着同一个目标前进。

虽然大家都在为一个共同的目标努力，但是在合作的过程中难免会出现意见不合的情况，也许会因此而争执。这时候，如果我们固执己见，听不进他人的意见，或者是无法与他人达成一致，那么合作就无法继续进行下去。

孔子提出了"和而不同"的观点，我们要与合作伙伴保持一种和谐友善的合作关系，但是在对具体问题的看法上却不必苟同于对方。也就是说，在大目标、大原则不冲突的情况下，要承认、包容彼此之间存在的差异，既不盲目附和他人的观点，也不强求他人必须与自己一致，而是通过交换意见、沟通思想而达成共识，即使暂时无法统一思想，也不要伤了和气，可以通过时间的检验来证明谁的意见更正确、更合理。

既然要团队合作，就意味着每个成员的个性要服从集体的"共性"，要顾全大局，哪怕自己做出让步，放弃个人利益，也不能损害集体的利益和荣誉。同时，在与人合作的过程中，一定不要唯我独尊，而是要尊重合作伙伴，顾及合作伙伴的感受；不要想干什么就干什么，而是要遵守合作规则，懂得与合作伙伴商量。

总之，我们不能逞强，不能"单打独斗"，而要学会团队合作，去体验集体的力量，去感受合作的快乐。

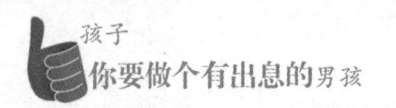

掌控情绪与行为，提高自我控制能力

作为一名热血男儿，我们似乎从不欠缺勇气和力量。但是，如果不能为勇气和力量附加一把"安全锁"，那我们就可能会走向另一个极端，勇气变成冲动，力量变成野蛮，导致失去自我控制能力。

一些男孩的自我控制能力较差，主要表现在对情绪的自控和对由情绪引起的行为的自控能力较差，可能会出现情绪激动、口头或肢体上的攻击行为，严重者可能会出现情绪爆发，甚至会做出一些极端的行为。这一切都说明我们心理品质的发展还不够成熟。

男孩走向成熟的一个重要标志就是自我控制能力足够强大，无论是面对大千世界的种种诱惑，还是面对自身的种种欲望，都能保持冷静清醒的头脑，用理智去控制自己的情绪和行为。唯有这样，我们才能掌控自己的未来，才有可能在未来的道路上取得成功。

美国著名心理学家瓦特·米歇尔曾经做过这样一个实验：

瓦特·米歇尔在一所幼儿园选择了一群4岁左右的孩子，把他们带到一间陈设简陋的房子里，给每人发了一块好吃的软糖，并告诉他们，如果20分钟后吃这块软糖，将会得到奖励，如果在这之前把软糖吃掉，就没有奖励。

在等待的过程中，有的孩子经不住软糖的诱惑，就把软糖吃掉了；有的孩子摆弄着手中的软糖，把包装纸拆开，看看软糖是什么样子的，然后又将包装纸包上，这样反复拆开包上，一直忍着不去吃；还有的孩子把头放在手臂上，闭上眼睛，不去看那好吃的软糖……最终那些没有吃软糖的孩子如愿以偿，得到了作为奖励的另一块软糖。

这个实验并没有就此结束，米歇尔团队跟踪调查了很多年，一直持续到他们中学毕业。调查结果表明：那些能控制住自己不吃软糖的孩子在小学、中学表现良好，学习成绩优异，做事有毅力，懂得分享与合作；而那些没有控制住自己把软糖吃了的孩子在校表现平平，还有一些孩子变得叛逆、不思进取，甚至自甘堕落。

这个实验给我们很好的启示：自我控制能力对一个人的影响是非常深远的，自我控制能力较强的孩子表现更优异，也更易取得成功。事实上，我们无时无刻不需要具备一种自我控制能力，无论发生什么事情，都要严格控制自己的情绪和行为。

我们可能都有这样的经历，只要情绪一来，就什么也顾不得了，凭冲动做事，以至于做出种种不理智的行为，而事后又感到非常后悔，反复责问自己"我当时怎么就这么不冷静呢？怎么就不想想后果呢"，这时候再后悔又有什么用呢？

这就是在提醒我们，当你情绪冲动一时又难以克制时，要强迫自己冷静下来，可以想一想如果控制不住情绪和行为可能会造成的后果，也可以想一想别人由于一时冲动酿成的恶果，这样一来，你的过激情绪就会降下温来。

此外，我们还可以采用"缓冲法"，当你感到怒气正在上升时，要不停地提醒自己，"冲动是魔鬼，一定要克制住，等心情平复了再去处理这件事情"，或者是默默地从一数到十，如果怒不可遏就数到一百。当你的情绪恢复平静之后，也许会发现，事情并没有当时想的那么糟糕，说不定还想到了比较好的处理方法。

自制更多的是对情绪的控制，只要控制住了情绪，基本上就不会做出极端的行为。情绪一旦产生，就宜疏不宜堵。很多时候，我们不是释放、疏导自己的不良情绪，而是选择压抑。殊不知，不良情绪虽然暂时被压制下去了，但是它们却沉积在了内心深处，积累到一定程度时，往往会以破坏性的方式爆发出来，一发不可收拾。我们经常会看到一些平时脾气很好的人，有时候会突然发火，做出一些令人吃惊的举动，这往往就是平时太

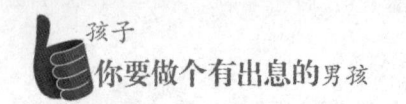

过压抑的结果。所以，我们要懂得去释放自己的不良情绪。

比如，"转移法"——在情绪冲动时，及时离开让自己的情绪出现波动的环境和人，想一想令自己感到愉快的事情，做一些自己喜欢的事情，听音乐、看书、做运动都可以；"倾诉法"——当你感到愤怒、焦虑、痛苦时，可以找个亲近的人，把心中的所有不快都讲出来，这样既能释放不良情绪，又能得到对方的安慰和开导。此外，我们还可以利用纸和笔，把内心的不愉快写下来，这也是非常好的舒缓情绪的方法。

掌控情绪的能力不是一天两天就可以练成的，我们可以抓住生活中每一个令我们不满或者将要崩溃的时刻，练习掌控情绪的能力。

培养勇于决断、善于决断的能力

很多男孩都面临着一个"宿敌"——犹豫不决,每当遇到一些事情的时候,总是左顾右盼、思前想后,迟迟不能做出决定。还有的男孩原本做好了决定,但是在听到周围人的反对意见时,就变得犹豫不决、举棋不定。结果呢?机会就风驰电掣般从身边飞走,等待你的就只有遗憾和后悔了。

在信息时代的今天,面对瞬息万变的态势、转瞬即逝的机遇,我们必须具备果敢决断的魄力,在看到事情有成功的可能时,要敢于做出决断。要知道,一个勇于决断、善于决断的人,是最容易抓住机遇的人,也是离成功最近的人。

有一个男孩从小喜欢画画,立志做一名漫画家。进入中学之后,他沉浸在漫画之中,有空就去漫画书店,并尝试着自编剧本。他把自己的作品寄到漫画出版社,采用率很高。15岁那年,一家漫画出版社邀请他专职画漫画。

一天回到家,男孩的爸爸像往常一样在看报纸,他走到爸爸身边,轻声说:"爸爸,我明天要去台北了。"

爸爸问道:"去做什么?"

"画漫画。"

"有工作了吗?"

"有了。"

"那就去吧!"

第二天,男孩就拎着皮箱走上了职业漫画家的道路。这个男孩就是著

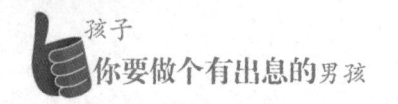

名漫画家蔡志忠。

父子俩之间简短的对话，成就了蔡志忠的一生。蔡志忠最终能成为一名漫画家，不仅取决于爸爸尊重并支持他的决定，更取决于他在机会面前勇于决断。因此，我们要尽早培养勇于决断、善于决断的能力，成为一个能够在机会面前当机立断的人。

很多时候，我们犹豫不决是因为害怕自己做出错误的决策，害怕在所选择的那条路上有太多阻碍和困难。无论是谁，无论做出什么样的决策，都要承担相应的风险，谁也不能保证一定会成功，但是，如果因为害怕失败而举棋不定，很可能会错失成功的最佳时机。而遇到阻碍和困难也是不可避免的，我们要有这方面的心理准备，不能被困难吓倒，而是要想办法解决困难。想想看，如果没有阻碍和困难，我们又怎能从中得到历练和成长呢？

对于一些重要的决定，只具备果敢决断的魄力是不够的，还要有善于决断的能力，要在考虑清楚、考虑周全的基础上做出决断。也就是说，当我们面对重大决定时，要全面地了解情况，懂得权衡利弊得失，不能因小失大或顾此失彼。当然，我们可以请教他人，听一听他人的想法和意见。这样一来，就可以果断地做出决定了。

有人也许会问，为什么有的人对一些重大的事情也能很快地做出决定呢？比如，全球著名的投资商巴菲特在决定一个几十亿美元的收购案时，只需要几分钟的时间。因为，这是巴菲特熟知的领域。

对此，我们要遵循这样一个原则：对于自己熟悉的、情况清楚的领域，可以尽可能地在短时间内做出决定；对于一些自己不熟悉的领域，就需要多花点时间来考虑和调查，这代表的是一种慎重的态度。当我们的经验越来越丰富，对事情越来越熟悉时，做决定时所需要的时间就会逐渐减少，就会变得更加有决断。

有句成语"鱼与熊掌不可兼得"，面对这样的抉择，很多男孩总是犹豫不决。当鱼和熊掌不能兼得的时候，我们就必须学会放弃其中之一，或是"鱼"，或是"熊掌"，而原则是"两利相权取其重，两害相权取其轻",也就是衡量二者的利弊,选择利大于弊的那个选项。

当然,这里所说的决断是果断,而不是武断。果断和武断只有一字之差,如果只求速度或不顾后果地草率行事,如果不了解情况或考虑不周就马上做决定,就是武断。真正的决断不等于不考虑后果,不等于草率行事,而是经过仔细思考后做出决定。

当我们慎重地做出决策之后,就要以毫不妥协的勇气来执行决策,不被困难所吓倒,不为周围人的意见所左右。

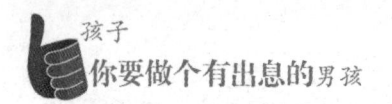

学会自主选择，有自己的主见

人生最重要的是奋斗还是抉择？面对这样的选择题，你会如何选择？在很多人看来，人生最重要的是奋斗，因为只有努力奋斗才有成功的可能。事实上，比奋斗更重要的是抉择，因为只有选择对了奋斗的目标和方向，然后再去为之奋斗，才有可能取得成功。

在人生的道路上，我们将会遇到一个个十字路口，随时都面临着诸多选择，小到生活中的琐碎小事，如先复习哪门功课、买哪本书、周末去哪里玩、要不要去朋友家等，大到关乎成长和发展的大事，如择友、择校、找工作、结婚等。

面对这些选择，大多数父母会以我们年龄小、经验不足为由，剥夺我们选择的权利，喜欢替我们做决定。我们虽然年龄小、经验不足，但并不是一个被动的接受者，而是一个具有自主性的独立个人，有选择的权利。如果我们连日常生活中的小事都做不了主，以后遇到一些重要的事情，又怎能知道如何选择呢？到那时，恐怕连去选择的勇气都没有吧。而且，父母不可能时刻陪伴在我们身边，不可能帮我们一辈子，我们的未来掌握在自己手中，需要自己去开创、去奋斗。

所以，我们要懂得维护自己的权利，学会自主选择。当父母想要替我们做决定时，我们可以这样对父母说："爸爸（妈妈），我已经长大了，有能力自己做决定了，请让我自己去选择吧，无论结果如何，我都会为此负责。"相信父母会同意的，他们也会因为看到我们的成长而感到欣慰。

有时候，面对太过广泛的选项，我们反而不知道该如何选择。那么，我们不妨加上一些必要的限制条件，缩小选择的范围，便于快速地做出决定。比如，周末到了，有好几个想去的地方，一时不知如何选择，就可以加上"找个离家最近的地方"或"最好是在室内"这个限制条件，然后在这个范围内做选择，就容易多了。

有些男孩爱冲动，喜欢冒险，很可能会轻率地做出不恰当的选择，而每一个选择都可能会影响整件事情的发展。所以，在选择之前，要慎重考虑，把整件事情的各个方面都考虑周全，一旦做出了选择，就要为之负责，要承担这个选择所带来的一切结果，哪怕是对自己不利的结果，也要勇于承担。

从前，几个学生向老师苏格拉底请教关于人生的真谛。苏格拉底没有回答他们，而是把他们带到一片果树林里。当时正值果实成熟的季节，树枝上挂满了沉甸甸的果实。

苏格拉底对学生们说："你们每个人顺着一排果树，从这头走到那头，从中摘一个自己认为最大最好的果实，不许走回头路，不许摘第二次。"

学生们出发了，都非常认真地挑选着自己认为最大最好的果实。当他们到达果树林的另一端时，苏格拉底早已在那里等着他们了。

苏格拉底笑着问学生们："你们挑选到自己认为最满意的果实了吗？"

学生们你看看我、我看看你，谁都没有回答。

苏格拉底又问："你们怎么了？对自己的选择满意吗？"

一个学生终于开口说："一走进林子，我就发现了一个很大很好的果实，但是，我想找个更大更好的，于是，我就继续往前走，结果，当我走到果树林的尽头时，才发现第一次看到的那个果实是最大最好的。"

另一个学生紧接着说："我正好相反，我走进果树林不久就摘下了我认为最大最好的果实，可是后来我发现，果树林里有很多果实比我摘下来的那个更大更好。老师，请让我们再选择一次吧！"

"老师，就让我们再选一次吧！"几个学生一起请求。

苏格拉底摇了摇头，态度坚定地说："已经没有第二次选择了，人生的真谛就是如此。"

"假如再给我一次机会，我一定会……"，在生活中，我们是否也经常

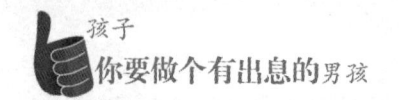

这样说呢？可是，人生没有假如，虽然我们有无限多的选择机会，但所有的选择都是唯一的，成功也好，失败也好，一旦我们做出了选择，就不要犹豫不决，要相信自己的选择并为之努力。

因此，我们要珍惜眼前的机会，做出明智的选择，让自己的每一次选择都成为一次无怨无悔的经历，即使失败，也要坦然面对，将损失或伤害降到最低，然后做好准备，从容地迎接下一个选择。

◆ 第三章 ◆
学会抵抗挫折，经历人生的风雨

谁都知道，茁壮成长的禾苗不会躲避风雨的洗礼，而是会舒展着双臂笑迎风雨。因为，只有经过风雨的洗礼，禾苗才会变得更加翠绿、挺拔。人生亦是如此，我们要接受人生的必修课——挫折，学会抵抗挫折，提升自己的抗挫能力，这样才会有力量经历人生的风雨。

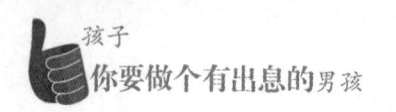

不再依赖父母，打理自己的生活

很多时候，我们总是依赖于父母，生活上的事情绝大多数由父母包办打理，从叠被子、打扫房间到洗衣做饭，样样都由父母代劳，更有甚者，要等着父母打好洗脸水、挤好牙膏才去洗漱，可以说是书包有人背，出门有车坐，回家有饭吃，衣服有人洗。

由父母帮忙打理我们的生活，看似是一件很享受的事情，殊不知，当我们被父母照料得无微不至时，我们的手、脚、口、目等都渐渐失去了"用武之地"，变得"肌无力"，最终沦落成生活的"低能儿"。

如今，就读于封闭式管理学校的一些男孩，不会铺床单、套被罩，不会洗衣服，只能把脏衣服、脏床单被罩攒着，等到回家的时候拎回去让妈妈洗。而在外地上大学的一些男孩，甚至会把脏衣服"打包"寄回家。

曾经有一个报道，一个男孩非常依赖妈妈，升入初中，他进入一所封闭式管理的学校，自从住校之后，就出现了焦虑、恐惧、烦躁不安等状况，甚至还出现了自虐的倾向。不过，只要他一回到家，这些状况就会自动消失。

当我们还是婴儿的时候，我们的确需要依赖父母，需要父母帮我们做很多事情，如喂饭、穿衣等。但是，总有一天，我们要离开父母的怀抱，独立地面对生活，如果我们事事都依赖父母，到那时又怎么能打理好自己的生活？又怎么能照顾好自己呢？因此，当我们有能力独自打理自己的生活时，就应该抛开父母这根"拐杖"，真正远离依赖。

联合国教科文组织为 21 世纪提出的教育口号是"学会生存"。生存是人的第一需要，生存能力是每个人的必备能力。我们必须学会生存，其中最基本的一点就是学会打理自己的生活。说得简单一点，就是要学会最基本的生活技能，如穿衣服、洗脸刷牙、整理床铺、收拾房间、洗衣服、做饭等，在生活中照料好自己，这有助于培养责任感、自信心、处理问题的能力，对今后的生活也会产生深远影响。

不知你有没有听过那个被誉为"东方神童"的魏永康的故事。

他自小天资过人，2岁时就掌握了1 000多个汉字，4岁时就基本学完了初中阶段的课程，8岁时进入县属重点中学读书，13岁时以高分考入湘潭大学物理系，17岁时以总分第二的好成绩考入中科院高能物理所硕博连读。

看到这里，估计谁都认为魏永康会拥有一个成功的未来。然而，遗憾的是，魏永康在20岁时，被中科院退学。你一定会大吃一惊，一个拥有过人天赋、学习成绩优异的男孩却被退学，这是为什么呢？中科院给出的答案是，魏永康生活自理能力太差，知识结构不适应中科院的研究模式。

据悉，魏永康在生活上非常依赖妈妈，他从未动手做过家务活，都是妈妈给他端饭、洗脸、洗澡，甚至给读高中的他喂饭，即便后来上了大学，妈妈也一直跟在他身边"陪读"，照顾他的饮食起居。在妈妈无微不至的照料下，他丧失了独立生活、动手实践的能力，结果阻碍了其求学之路。

"专业的高才生，生活的低能儿"，这用来形容魏永康也许是最恰当不过的了。从他的事例中，我们应该警惕，不能再依赖父母了，而是要学着打理自己的生活。我们最好是根据自己的年龄、生理发展特点，对自己逐步提出要求，从易到难、从简到繁，学着照顾自己的生活起居。

从幼儿园开始，我们就应该学会自我服务的各项本领，如洗脸、刷牙、穿衣服、吃饭等。慢慢地，我们要学会收拾书包、叠被子、整理床铺、洗小件衣服。再大一点的时候，我们要学会洗衣服、整理房间、洗碗，并学会使用洗衣机、煤气灶、电磁炉、微波炉等家用电器。

当然，我们还要学会生活自理的方法和技巧。如果我们不知道系鞋带

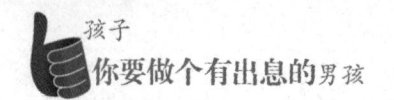

的方法，就谈不上系鞋带；如果我们不知道如何洗衣服、做饭，就谈不上洗衣做饭。也就是说，即便我们有了打理自己生活的意识，如果缺乏方法和技巧，就是想做也做不好。对此，我们要请教父母，学会基本的生活自理方法和技巧，以便更好地照顾自己的生活。

跌倒了，要自己爬起来

如果你在走路时不小心跌倒了，你会怎么做？肯定会马上爬起来，拍一拍身上的尘土，继续前进。那么，当你在人生路上遭遇挫折跌倒的时候，又会怎么做呢？是怨天尤人、自暴自弃，将自己沉浸在失败之中，是求助于他人，一味地等待他人的帮忙，还是爬起来，迎接新的挑战？

要知道，人生就像一场旅行，绝对不可能永远是平坦大道，不可能永远一帆风顺，坎坷、困难、失败都会与人为伴，总有摔跤、跌倒之时。在人生的旅途中，跌倒了并不可怕，可怕的是跌倒后没有勇气爬起来，没有信心去面对。

马克思说："人要学会走路，也得学会摔跤，而且只有经过摔跤，他才能学会走路。"没错，只要每一次跌倒后自己爬起来，我们就会站得更稳、走得更好。人生亦是如此，只有经过无数次的跌倒后爬起来，我们才会变得更加强大、自信，才会一步步走向成熟。

然而，有的男孩跌倒后不愿意爬起来，害怕再次跌倒。但是，你有没有想过，如果你一直在原地不动，是不会有任何转机的，而唯有勇敢地爬起来，才能学会坚强，那么你将不会畏惧挫折，而成功的大门也会为你敞开。

纵观古今中外那些有所成就的人，无不经历着重重挫折，然后又重新爬起来，一步步走向成功。

让我们来看看一个人的部分经历吧！

1818 年（9 岁），母亲不幸去世。

1831 年（22 岁），经商失败。

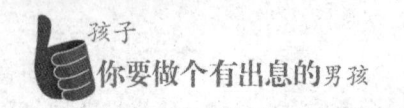

1832年（23岁），竞选州议员失败；想就读法学院，但未获得入学资格。

1833年（24岁），向朋友借钱经商，再次失败，后来，他花了16年的时间才把债还清。

1834年（25岁），再次竞选州议员，这一次他胜利了。

1838年（29岁），竞选州议员的发言人，没有成功。

1843年（34岁），竞选国会议员，落选了。

1846年（37岁），再次参加国会大选，当选国会议员。

1849年（39岁），国会议员连任失败。

1854年（45岁），竞选美国参议员，失败。

1856年（47岁），在共和党内竞选副总统，落选。

看到这里，你是不是也开始同情他的不幸遭遇了？如果是你遭遇到这一切，你还有勇气爬起来吗？你是否会选择放弃呢？不过，他没有服输，也没有放弃，而是一次次地重新站了起来。当然，胜利的曙光就在不远处。

1860年（51岁），他当选为美国第16届总统。

这个人就是历史上最伟大的总统之一——亚伯拉罕·林肯。一生中，他屡遭失败，不断跌倒，但是，这并没有动摇其坚定的信念，他没有退却、没有逃跑，而是一次次地爬了起来，终于成功了。

林肯在竞选参议员落选后曾经说过这样一段话："此路艰辛而泥泞，我一只脚滑了一下，另一只脚也因此而站不稳。我缓了口气，告诉自己，这只不过是滑了一跤，并不是死去而爬不起来。"

要论遭遇的挫折与失败，有谁能和林肯相比呢？所以，当你跌倒的时候，不要心灰意冷，更不要一蹶不振，而是要勇敢地去面对，努力地爬起来。跌倒了自己爬起来，你就是人生的强者，人生的胜利者，在你人生的百宝箱中，就会多一份意外的收获。

跌倒后爬起来，这是一个勇敢面对事实的过程。但是，只有这样是不够的，我们还要迈开脚步继续前进。常言道"吃一堑，长一智"，在跌倒又爬起的过程中，我们要学会总结经验教训，找到跌倒的原因，找出是哪里出现了问题，再思考补救的方法。同时，我们还要经常总结一下过去的经验教训，看看自己曾经都在什么地方"跌倒"，这也是在提醒我们不要再在同一个地方"跌倒"。

总之，无论你遇到了什么样的挫折，无论结果怎么样，一定要记住，跌倒了就要自己爬起来，要相信，成功一定会在不远处向你挥手。

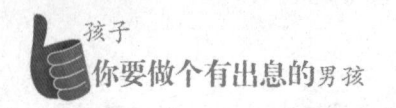

有意识地经历风雨，去吃点苦

"有十分幸福童年的人，常有不幸的成年。"一位美国儿童心理学专家这样说。幸福的童年真的可能会导致不幸的成年吗？事实上，这句话是有一定道理的。想一想，如果我们小时候一直生活在"蜜罐"中，事事如意，顺风顺水，从未经历过风雨，从未吃过一丁点儿苦，那么长大之后，一旦遭遇挫折、失败，就会怎样呢？很可能会陷入不知所措、恐慌的境地，甚至会自暴自弃、一蹶不振。如此，又怎会有幸福可言呢？

那么，你想成为幸福的人吗？怎样才能成为幸福的人呢？俄国著名作家屠格涅夫给出了答案："你想成为幸福的人吗？那么首先要学会吃苦。能吃苦的人，一切的不幸都可以忍受，天下没有跳不出的困境。"没错，天下没有过不去的坎儿，首先我们必须去经历风雨，学会吃苦。

然而，现在的很多男孩好像越来越"脆弱"了，遇到点困难、挫折，第一个想到的就是找父母帮忙；与同学发生了矛盾，第一个想到的就是找老师告状；与他人发生了误会，最常见的反应就是手足无措……

面对这样的情景，我们应该警醒。我们既然立志成为一个坚强的、有出息的男子汉，就必须有意识地经历风雨，去吃点苦。香港首富李嘉诚曾经说："如果没有年少时那难以忘怀的吃苦时光，恐怕不会有今之李嘉诚。"的确，自古至今，很多大有成就的人都经受过贫穷苦难的洗礼。

然而，一说到"吃苦"，很多男孩都会感到害怕。其实，无论是对谁而言，吃苦都不是一种愉快的体验，如果可能的话，估计谁都不愿意去经历风雨，谁都不愿意去吃苦，而是希望一生都一帆风顺。

不过，这只是一种希望。我们的一生不可能是一帆风顺的，多多少少都会遭遇坎坷、挫折，都要经历风雨的洗礼。就好比行驶在大海中的帆船，如果没有做好抵抗暴风雨的准备，那么一旦遭遇暴风雨，就只能任其"宰割"，很可能会葬身大海。我们不经历风雨，不经历一次次跌倒后又爬起的过程，又怎么能长大呢？要知道，风雨正是彩虹的前兆，我们能够历经风雨，就将会迎来彩虹。

有这样一则富有哲理的寓言故事：

有一天，上帝来到田间散步，正好遇到一位种麦子的农民，农民希望明年有个好收成，便祈求上帝给他一年的时间，让他的麦田没有风雨、烈日与灾害。在农民的再三祈求下，上帝答应了他。

从此之后，农民再也没去过田地，只是等待着丰收的那一天。然而，到了该收割的那一天，麦田里竟然没有长出一棵颗粒饱满的麦子。

农民感到很奇怪，便急忙去问上帝是怎么回事。上帝告诉他，对于麦子来说，风雨是必需的，烈日是必需的，蝗虫也是必需的。因为，它们能唤醒麦子内在的灵魂，而一旦避开了所有的考验，麦子将不堪一击。

其实，不只是麦子，对于我们每个人来说，都是如此。人生处处都是风雨，如果我们不去经历风雨的考验，就很难坚强地面对生活。所以，我们要多吃一些苦，像麦子一样去遭受风雨、烈日、蝗虫的考验。

孟子曰："天将降大任于斯人也，必先苦其心志，劳其筋骨，饿其体肤，空乏其身，行拂乱其所为，所以动心忍性，曾益其所不能。"从某种意义上来说，吃苦对我们的成长是非常有利的，它不仅是人生的一种磨炼，也是一种宝贵的财富。而迎接我们的将是幸福的生活，正所谓"苦尽甘来"。

因此，我们要有意识地去吃苦，独自去经历风雨的洗礼，去接受生活的磨炼，从而使自己得到历练与成长。

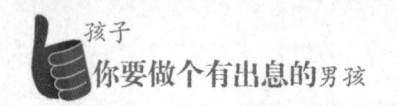

遇到困难积极想办法，不抱怨、不低头

困难是人生中无法回避的小插曲，在人生路上，我们总会遇到这样或那样的困难。面对困难，每个人的态度和做法各不相同，有的人惊慌失措、畏首畏尾，有的人满怀沮丧、怨天尤人，还有的人迎难而上、积极应对，分析困难的成因，查找一切可能的突破口。很显然，一般而言，前两种人将会成为困难的"手下败将"，最后一种人却能将困难"擒于马下"。

如果我们养成了喜欢抱怨的习惯，那么在遇到困难的时候，就会形成一种固定的思维模式，要么抱怨这埋怨那，要么被动等待，寄希望于他人，而不是积极主动地去想办法解决困难。

要知道，抱怨是最不明智的一种选择，不但无助于困难的解决，反而很可能在抱怨错过太阳的时候，又错过月亮和星辰。我们只有不抱怨，把努力作为人生的资本，才有可能解决困难。

李嘉诚在初涉商海的时候，就是一个遇到困难积极想办法的高手。有一段时间，他在一家企业当推销员。有一次，他到一栋办公楼推销一款塑料洒水器，一上午的时间，他一连去了好几家公司都无人问津，如果下午还是毫无进展的话，这一天就白跑了。尽管如此，他还是不停地为自己加油鼓劲。

当李嘉诚走进另一栋办公楼时，看到楼道内的灰尘很多，他灵机一动，没有急着去推销产品，而是去洗手间，往塑料洒水器里注入了一些水，然后将水洒在楼道内。经他这样一打扫，原本脏兮兮的楼道一下子干净了好多，立即就引起了清洁人员的兴趣，他成功地将洒水器推销了出去。就这样，他用了一下午的时间推销了十多台洒水器。

面对无法将洒水器推销出去这样的困难，李嘉诚没有抱怨，更没有低头，而是积极想办法，找到了推销的策略，巧妙地将洒水器的功用展示给了潜在客户，最终将洒水器成功地推销了出去。

事实上，任何事情的发生、发展都有内在的规律，关键是我们能否找到解决问题的突破口。我们只要不惧怕困难，在困难面前不抱怨、不低头，而是积极主动地寻找解决困难的突破口，成功也许就离我们不远了。

平静地看待困难。

人生不如意事十之八九，我们的成长是一个不断跌倒再爬起来的过程。面对生活中遇到的困难，我们应该把它们当成非常自然、正常的事情来看待，保持一种平静的、积极的心态，不要唉声叹气、怨天尤人。

同时，我们也要想办法驱除遭遇困难时产生的悲观心态，要不断提醒自己，世上没有什么困难是人无法解决的，困难只是暂时的，只要有信心、有能力，就一定能找到战胜困难的好方法。

相信自己有能力战胜困难。

当困难出现的时候，有的人会说，"这么难，我肯定不行，还是放弃吧"；还有的人会说，"我一定能战胜困难"。一个连自己都不相信的人，是不可能战胜困难的。相信自己的能力是一个人战胜困难的首要因素。因此，在困难面前，我们要相信自己有能力战胜它，要多给自己一些积极的心理暗示。

寻找战胜困难的方法。

法国著名物理学家居里夫人曾经说："失败者总是找借口，成功者永远找方法。"我们也经常听到这样一句话："不为失败找借口，要为成功找方法。"在遭遇困难的时候，我们要积极主动地去寻找战胜困难的方法，要坚信"方法总比困难多"。

所有的困难都不是凭空出现的，都是由某种特定条件所引发的。在困难面前，我们要先捋一捋思路，想一想事情的整个过程，找一找自己身上存在的问题，是不是哪些地方做错了，是不是哪些地方理解得不到位，是

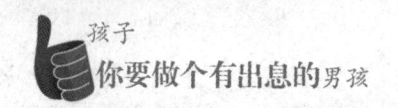

不是漏掉了什么关键点……对事情进行综合考虑，是为了更加详细地分析困难，找到问题的根源以及它产生的条件，之后再顺着这条线去寻找解决问题的方法，就会容易得多。

懂得求助于他人。

遇到困难，我们要尽量自己想办法解决，之所以用"尽量"，就是要我们尽自己所能去做，如果遇到了仅凭自己的力量不能应付的问题，就要懂得求助于他人，千万不要将自己的时间和精力都浪费在解决一个困难上。

当我们遇到自己无法解决的困难时，可以向父母、老师、同学求助，求助时要有礼貌，态度要诚恳、谦虚，不能笼统地告诉对方"我不行""我解决不了"，而是要详细说明自己遇到了什么样的困难，集众人之力，才能轻松地解决困难。

提升抵抗挫折的心理承受力

男孩原本是坚强的化身，然而，一些男孩表面看上去无比坚强，内心却非常脆弱，就像一个剥离的蛋壳，稍一用力，就会瞬间变成碎片。

近年来，一件件令人触目惊心的事件见诸媒体。

据媒体报道，2014年11月4日，湖北省郧县（今为郧阳区）城关镇一名中学生在自习课上看小说，被班主任老师发现后批评了几句，并让他罚站。后来，在物理课上，他又和另一名同学下象棋，被班主任老师叫到办公室，老师批评了他，并要求他请家长到学校。没想到的是，他从办公室走出后，从4楼教室一跃而下，结束了自己年轻的生命。

青少年本应朝气蓬勃，象征着阳光与活力，但是以自杀来结束自己的生命，无不令人扼腕叹息，更让人追问：他们为什么要选择自杀呢？究其原因，是其经受不了一点儿挫折、委屈。这说明，他们抵抗挫折的心理承受能力实在是糟糕透了。

所谓挫折承受力，是指一个人在遭遇挫折情景时，能够经得住打击与压力，能够摆脱和排解困境，从而使自己避免心理与行为失常的一种耐受能力。同时，这也是一个人适应挫折、抵抗和应对挫折的一种能力。

一个心理承受力强的人，在挫折面前，不易被强烈的不良情绪所困扰，能够以积极乐观的态度去战胜困难。他们在遇到挫折时反应小、处理时间短、消极影响少；而一个心理承受力较弱的人，就像报道中的那个中学生一样，老师只是批评了几句就承受不了，遇到挫折容易惊慌失措，陷入不良的情绪困扰中，甚至导致心理和行为的失常。

现代社会竞争激烈、复杂多变，不遭遇挫折是不可能的，尤其是我们

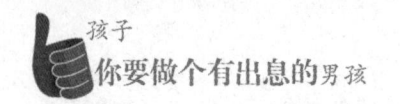

独自步入社会之后，复杂的人际关系，还有工作上的困境，都需要我们勇敢地面对。而我们心理承受力的强弱，将直接关系到以后的工作是否顺利、生活是否幸福。

良好的心理承受力并不是与生俱来的，它需要经过后天的磨炼才能拥有。我们要有意识地去经历人生的风雨，不畏惧挫折、打击与压力，遇事不悲观、不焦虑，而是直面挫折，笑脸相迎，积极地想办法战胜困难。

在心理学中，有一个法则叫"甘地夫人法则"，源于一个故事：

甘地夫人的儿子因病需要做一个手术，医生叮嘱甘地夫人为了消除他紧张、恐惧的心理，要用善良的谎言去安慰他。

然而，甘地夫人并没有那样做，而是平静地对儿子说："妈妈想要告诉你，手术后的几天时间内，你会感到疼痛，而这种疼痛是谁也无法代替的，哭泣、喊叫都无法减轻你的疼痛，甚至会引起头疼，所以你必须要有心理上的准备，勇敢地去承受它。你已经是个男子汉了，妈妈相信你一定会战胜病痛的。"

手术之后，他果然没有哭泣、喊叫，而是勇敢地承受了这一切。

甘地夫人没有向儿子隐瞒将要承受的挫折、疼痛，而是如实告诉了他，从而培养了他承受挫折的心理承受力。从这个故事中，我们应该得到启发，无论做什么事情，我们最好事先想到将要面临的挫折，做好这方面的心理准备，这也就等于增强了抵抗挫折的心理承受力。

打个比方，参加一个比赛或竞选，我们要做好赢得比赛或竞选的准备，同时也要做好遭遇挫折、困难的准备，事先想一想可能会出现什么样的挫折，并想好应对挫折的方法，这样，当挫折真的到来时，不至于那么难以接受，而是会比较从容地应对挫折。

更为重要的是，我们要从挫折的被动承受转为主动调节。说得形象一点，当比赛或竞选失败后，被动承受主要表现为对失败的认可、忍耐等心理，而主动调节是积极进取，化消极情绪为积极努力的动力，想尽一切办法去应对挫折。

同时，我们也要学会心理疏导，随时释放消极情绪。情绪低落时，就做一些自己喜欢做的事情；心烦时，就找个朋友倾诉；不满时，就适当地发发牢骚；委屈时，就大哭一场，不要去纠结"男儿有泪不轻弹"；愤怒时，就适当地出出气，但不能伤害自己及他人；如果还是无法释放消极情绪，还可以求助于心理咨询师。

通过这些合理的方式，相信我们的内心会慢慢恢复平静，这不仅可以增强抵抗挫折的心理承受力，还可以让我们认真思考与挫折有关的问题，从而为战胜挫折而努力。

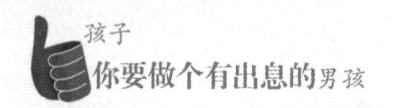

挑战自己，学会进行自我激励

对于我们而言，挑战无处不在。在做一件从未尝试过的事情时，要挑战自己的茫然与不自信；在面对挫折一筹莫展时，要挑战自己的脆弱；在与同学发生摩擦矛盾的时候，要挑战自己的冲动与莽撞；在面对种种诱惑的时候，要挑战自己的贪欲……

如此，你还有勇气去迎战吗？如果我们没有勇气去挑战自己，就很难突破学习或生活的瓶颈，也很难去征服遇到的种种挫折与困难。而唯有敢于挑战自己的人，才会有坚韧不拔的意志，才会有战胜挫折的勇气。

面对挑战，几乎所有成功人士都有一个共同的特点，他们不会说"我很想……但是我害怕……"，而是说"我很想……所以要……"；他们不会说"我恐怕不行"，而是说"我一定能行"。从某种意义上说，这代表的是他们的一种态度，更是一种自我激励。

无论我们是一棵无名小草，还是一株参天大树，无论何时何地，都不要忘了为自己喝彩。人生需要得到不断的激励，激励是开发人潜能的内在力量，能让弱者变成强者，让人在软弱无助的时候找到自信和勇气。激励是战胜挑战的一把利剑，能让人保持一往无前的状态，时刻警示自己要坚持不懈。

美国哈佛大学的威廉·詹姆斯教授曾经做过一项调查，结果发现：一个没有受过激励的人，仅能发挥自身潜能的20%~30%，而当他受到激励之后，其潜能可以发挥到80%~90%。也就是说，一个人在受到充分的激励之后，所发挥的潜能相当于激励前的3~4倍。

可见，激励对一个人的发展起着举足轻重的作用。

第三章 学会抵抗挫折，经历人生的风雨

很多时候，我们总是希望得到父母、老师或周围人的鼓励。其实，光靠他人的鼓励是不够的，更何况，他人的鼓励会受到外在条件的制约，难以真正满足我们的需要与期盼。事实上，最好的激励是在每个人的心里，也就是要经常进行自我激励，只有这样，最后的胜利才是完美的。

全世界最早的现代成功学大师拿破仑·希尔在《思考致富》一书中，揭示了自我激励的六个黄金步骤：

第一步：你要在心里确定你希望拥有的财富数字——泛泛地说"我需要很多、很多钱"，这是没有用的，你必须要确定你希望得到的财富的具体数额；

第二步：你要确确实实地决定，你将会付出什么努力与多少代价去换取你所希望得到的财富——世上没有不劳而获这回事；

第三步：你要确定一个日期，一定要在这个日期之前得到你所希望得到的财富——没有时间表，你的"船"永远也不会"靠岸"；

第四步：你要拟订一个实现你理想的可行性计划，并立即执行。你要付诸行动，不能再耽于空想；

第五步：你要将以上四点内容都清清楚楚地写下来——不可以单靠记忆，一定要白纸黑字写下来；

第六步：你不妨大声朗读你所写计划的内容，一天两次，一次是在早上起床之后，另一次是在晚上睡觉之前——当你大声朗读的时候，你必将看到、感受到并深信，你已经拥有了这些财富。

拿破仑·希尔曾经说过："如果你知道这六个步骤是经过托马斯·爱迪生所详细审查过并认可了的，可能你会有更大的信心。爱迪生终生服膺、实践这六个步骤……他知道这不仅是致富的重要途径，更是任何人要达到某种目标的必经之路。"

没错，拿破仑·希尔提到的这六个步骤，虽然是有关致富内容的，其实适用于任何方面。所以，我们要认真思考以上的六个步骤，可以在此基础上制定专属于自己的自我激励的黄金步骤，从而实现自己的目标和理想。

说得具体一些，我们首先要制定一个自己想要达到的具体目标，然后思考将为之付出什么努力、多少代价，将在什么时间内达到这个目标，再制订一个可行性计划，最后将以上内容写下来，并每天朗读所写的内容。当然，一定要付诸行动，如果没有行动，再宏大的目标、再完美的计划，都将化为泡影。

有时候，我们也需要用语言暗示自己、激励自己，不过一定要用肯定、积极的语言，这才能增加力量与信心。举个例子，我们不要说"我不可能失败"，而是说"我一定会成功"。尽管这两句话表达的意思是一样的，但因为前一句话是否定、消极的语言，你的脑海中就容易种下"失败"的种子，那么你的潜意识就会"引导"你走向"失败"；而后一句话是肯定、积极的语言，你的脑海中就种下了"成功"的种子，那么你的潜意识就会"引导"你走向"成功"。

总之，我们要勇于挑战自己，学会用积极的语言激励自己，有勇气和信心战胜人生路上的一切挫折与障碍，向着美好前行。

把磨难看成是对自己的祝福

说到"祝福"二字,你会联想到什么?你可能会联想到家人、长辈、朋友送给你的美好祝愿,比如,过生日的时候,会收到来自亲朋好友的祝愿,并将之看成是对自己的祝福;取得好成绩的时候,会收到来自周围人的祝贺,也会将之看成是对自己的祝福。

其实,磨难也是对自己的一种祝福。你一定会感到疑惑,磨难就是磨难,磨难带给人的只有痛苦,祝福从何而来?其实不然,磨难是戴了面具的幸运之神,也可以说是化了装的祝福,与那些美好的祝愿一样,同样是人生宝贵的财富。

在人生的旅途中,虽有风和日丽的美景,却也免不了风吹雨打的磨难。在磨难面前,我们总是表现得畏缩不前,怨天尤人,觉得上天是不公平的,偏偏让磨难降临到自己身上。殊不知,我们只是被磨难的外表迷住了眼睛而已。

无论是顺境,还是逆境,无论是幸福,还是磨难,都是上帝送给我们的最好礼物,有时候包装也许有些丑陋,但是只要我们愿意耐心地一点一点地把它拆开,就会看到里面珍藏的礼物——都是美好的祝福。

当我们经历了很多磨难之后,忽然有一天,你会发现自己在面对人生的时候,会有很多感悟。再处理一些事情的时候,会变得游刃有余,再遇到挫折、磨难的时候,会积极应对。这就是我们在经历磨难后意外收获的礼物。

对于成长中的男孩来说,磨难是一所最好的大学,是将男孩历练成男子汉、英雄的最好时机。无论是战场上的将军,还是生意场上的商人,肯

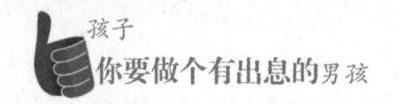

定都经受过无数次的磨难，没有一个威武的将军身上是没有伤痕的，没有一个成功的商人是没有辛酸史的。

俗话说："宝剑锋从磨砺出，梅花香自苦寒来。"宝剑之所以锋利，梅花之所以清香，是因为它们都经历了很多磨砺和苦难。磨难对人生是一种雕琢，我们只有积极地接受岁月的雕琢，经历风雨的洗礼，才能迈向成功的宝殿，就好比一块璞玉，需要经过工匠精细地雕琢打磨，才能展现出玉的光泽。

然而，很多时候，我们在遭遇磨难的时候，往往只在意正在经历的苦痛，却不愿意展望未来，更不会从磨难中找寻希望，结果常常陷入消极、痛苦的怪圈中。其实，我们只要坚持下去，把磨难当成是一种祝福，就会燃起战胜困难的勇气与信心，迎来的很可能是意想不到的情境。

古话说得好："祸兮福所倚，福兮祸所伏。"祸与福是相互依存、相互转化的，至于祸到底能不能变成福，这主要取决于我们的心态。我们不妨换种思维去面对磨难，不要浪费时间去哀伤自怜，不要去计算遭受了多少损失，而是要把它当成是对自己的一种祝福，好好思考一下我们能从磨难中得到多少收获。我们一旦拥有了这种积极乐观的心态，将无往而不胜，到那时，我们会发现，我们得到的远远比失去的要多。

如此看来，"磨难"与"祝福"这两个看起来完全不相关的词语，在人生的天平上，却画上了等号。遇到磨难，我们要不断提醒自己"这是对我的祝福"，一开始也许有些勉强，但是慢慢地，我们的心态变了，我们的世界也随着改变了。

第四章
就这样把自己打造成学习高手

现如今，社会已经进入了一个知识大爆炸的时代，每个人都需要不断地丰富自己的学识和经验，以适应这个时代的发展。作为一名学生，我们必须学会自动自发地学习，要达到爱学习并轻松学习的境界，拥有更强的学习能力，从而把自己打造成学习高手。

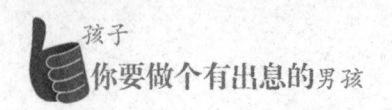

掌握一些有效的学习方法

学习方法往往容易被一些男孩忽视，在他们看来，决定学习成绩好坏的关键在智商。

真的是这样吗？其实不然。

科学测试证明：95%的人智商介于70~130之标准范围，只有2.5%的人智商超过130，被称为"天才"，剩余2.5%的人智商低于70，被称为"弱智"。可以说，智力绝不是影响成绩好坏的决定性因素，只要智力正常，每个男孩都可以取得优异的学习成绩。

美国教育家布鲁姆曾经对学生学习成绩平平甚至下降这一问题进行了实验研究，结果表明：几乎所有学生都能学好，每个差生和中等生都有可能取得优秀生那样的好成绩，关键在于，他们是否能掌握了科学的学习方法。

没错，那些学习成绩优异的孩子并不是终日刻苦攻读的"书呆子"，而是因为掌握了有效的学习方法。他们也许在学习上付出的时间并不多，但是能够在有限时间内实现价值最大化，而且，他们还有时间做自己感兴趣的与学习无关的事情，并能保持轻松愉悦的心情，而这又将有利于提高他们的学习效率，从而形成一种良性循环。

所谓"差生"，差就差在学习方法上，他们没有掌握有效的学习方法，结果费了很大的劲儿，也只能吸收所需掌握的知识的一点儿皮毛；上课虽然认真听课，但是一节课结束时，在课堂上学过的内容就像沙漏一样从大脑中漏掉……

如果我们没有掌握有效的学习方法，纵使有满腔的学习热情，纵使付出再多的努力，恐怕也很难取得优异的学习成绩。而且，对于所有的人来说，书本上的知识是相同的，课堂学习的时间是共有的，因此，是否掌握了科学有效的学习方法就显得格外重要。我们要把自己打造成学习高手，就必须有超越常规的学习方法。

法国著名生理学家贝尔纳曾经说："良好的方法能更好地发挥一个人运用天赋的才能，而拙劣的方法则可能阻碍他才能的发挥。"对于孩子的学习，亦是如此。有效的学习方法能够帮助我们又快又好地学到更多的知识，战胜学习过程中的各种困难。这时，我们能够体会到成功的喜悦，并激励自己更加努力地学习。

下面，推荐几种有效的学习方法：

目标学习法。

无论是哪一门学科，都是由很多知识点构成的，由点形成线，再由线形成相对独立的知识体系。因此，我们需要明确学习目标，在学习新知识的时候，要了解需要掌握的知识点是什么，这些知识点在知识体系中的位置；在复习功课的时候，要着重从宏观中把握微观，注重知识点之间的联系；还要明确知识点的难易程度，明确学习的重要目标，即知识重点。掌握了这些学习目标，既有助于提高注意力，又有助于增强学习动力。

问题学习法。

心理学家把注意力分为有意注意和无意注意两种形式，所谓"有意注意"，是自觉的、有预定目的的注意，需要经过意志努力，积极主动地观察某种事物或完成某种任务；所谓"无意注意"，是没有预定目的、不需要意志努力的注意。这里所讲的问题学习法，就是一种有意注意。

这种学习方法要求我们在看知识点之前，先看一下课后思考题，带着问题去看书，一边看书一边思考；在预习功课的时候，主动去寻找问题，以便在课堂上集中注意力去听老师的讲解；课后练习的时候，不要被问题吓倒，而是努力解决每一个问题，解决问题的过程就是你进步的过程。

归纳学习法。

归纳学习法是在借用归纳思维的基础上产生的学习方法，即通过归纳思维，形成对知识的特点、中心、性质等方面的识记、理解和运用。在学习上，我们要善于归纳事物的概念、性质、特点等，把握句子、段落的精神实质，同时以归纳为基础，搜索相同、相近、相反的知识点，把它们放在一起识记、理解。归纳起来的知识点更易于我们记忆，知识点之间的相互关系也更易于我们理解。

联系学习法。

知识之间存在着一种普遍的联系，如果我们能够把联系的观点运用到学习中，将有助于对知识的理解，从而起到事半功倍的效果。我们在学习新知识的时候，就要有目的地去回忆、检索大脑中的信息，把抽象的知识具体化，寻找内在的联系。

以英语为例，单词"afternoon"是下午的意思，其中"after"是在……以后的意思，"noon"是中午的意思，把"after"和"noon"连起来，意为在中午以后，就是下午；单词"airport"是机场的意思，其中"air"是空中的意思，"port"是港口的意思，把"air"和"port"连起来，意为空中的港口，就是机场。这就是联想记忆法。

我们所掌握知识的广度、深度将直接影响到建立知识点之间联系的方法的多少。所以，我们要不断学习新知识，使知识网日益扩大，构建新的知识联系，使之储存在我们的大脑中，以便随时运用。

对比学习法。

当我们所学的知识具有相似或相对的属性时，就可以采用对比学习法。这种方法可以减轻我们的记忆负担，相同的时间内可以识记更多的知识，有利于区别易于混淆的概念、原理，加深对知识的理解，也有利于知识的再现、提取及灵活运用。

比如，语文中的实词与虚词、单句与复句、比喻与借代、记叙与议论等；数学中的小数与分数、指数与对数、平行与垂直等。这种学习方法不仅可以运用于同一学科内的学习，还可以进行跨学科的比较。比如，在学习数学的时候，可以用语文中的句子分析法分析数学概念；学习自然科学的时候，可以回忆一下语文课文中有关科学家的传记文章。

　　不同的学习阶段需要不同的学习方法，不同的学科知识类型也需要不同的学习方法。而且，即使是同一种学习方法，也不一定适用于每一个人，所以我们要善于总结适合自己的学习方法。

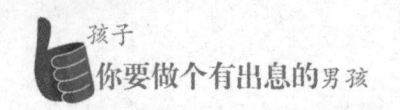

不迷信权威，善于提出自己的问题

"课本上就是这样写的。"

"参考书上的答案是选 B。"

"老师说了，这道数学题只有一种解题方法。"

……

面对权威，我们总是深信不疑，对书本、老师存在心理上的依赖，认为书本上写的、老师说的都是对的，从来不去思考它是否真的正确。一旦遇到和权威不同的观点或做法，我们就会不假思索地认为它是错误的，从来不会提出质疑。

天津市首届青少年创新思维竞赛活动的组织者对 300 名小学生进行了一次问卷调查，其中有这样一个问题："对老师所讲的内容，你敢于提出疑问吗？"调查结果显示：48% 的小学生从没有疑问，认为老师讲的都是对的；30% 的小学生虽然曾经有疑问，但是不敢讲出来；只有 22% 的小学生敢于提出疑问，与老师一起分析。

将近八成的小学生不敢对老师所讲的内容提出疑问，这样的结果令人担忧。我们如果过分迷信权威，不敢提出自己的疑问，势必会限制思维，影响思考力和创造力的发展，变得人云亦云、盲目随同。

读书要不惧权威、敢于质疑，这是世界上所有智者的共识。孟子曰："尽信书，则不如无书。"爱因斯坦曾经说："提出一个问题比解决一个问题更重要。"犹太经典《塔木德》中写道："怀疑比盲目信仰更值得肯定。"

质疑，是打开学习之门的钥匙，能激发我们的求知欲，促使我们积极思考、探索。可见，质疑是非常重要的。我们只有不畏权威，敢于质疑，才能发现问题、思考分析、解决问题,从而获得丰富的学识。

要知道,权威虽然是某个领域内最有威望和地位的人、事或使人信服的力量,但它不一定就是真理,书本上的知识,老师、父母的话,甚至科学家的观点,也不一定全对,所以不要迷信权威,而是要敢于提出自己的质疑,在实践中发现真理。

你知道世界上爬行最慢的哺乳动物是什么吗?

在北京师范大学版的小学四年级课本中,答案是"南美赤道地带的三趾蛞蝓";而郑州市金水区金明双语小学四年级二班的王梦缘同学却认为教材是错误的,正确的答案应该是"三趾树懒"。

在一堂数学课上,王梦缘发现课本上"世界上爬行最慢的哺乳动物"说的是"南美赤道地带的三趾蛞蝓",而旁边的配图则是"三趾树懒"。由于她从小就喜欢动物,特别爱看动物类的书,认识蛞蝓和树懒,知道它们之间的区别,所以认为教材是错误的。随后,她查阅了很多资料,确信自己的想法是对的。

在老师和父母的鼓励下,王梦缘给相关教材编委会发了一封电子邮件《教材中似有错误》,详细讲述了蛞蝓和树懒的不同。

收到王梦缘的邮件之后,教育部北京师范大学基础教育课程研究中心对此问题十分重视,迅速回复,询问了王梦缘的资料出处,并表示如确有错误一定在改版时改正过来。后来,经过专家反复查证,证实了王梦缘的意见是正确的。

王梦缘没有迷信权威,敢于给教材挑错,这种敢于质疑的精神是值得学习的。从另一方面,我们也可以看到,王梦缘之所以能够挑战权威,是因为她喜欢看书,积累了很多知识。试想,如果她平日不喜欢看动物类的书,可能就不认识三趾蛞蝓和三趾树懒,自然也不知道教材上的答案是错误的。

因此,我们要不断丰富自己的学识,除了要掌握书本上的知识,还要多学习课外的知识,多读自己感兴趣的课外书,经常到大自然中走一走,观察周围的新鲜事物,在观察中思考、探索。我们懂得多了,知识丰富

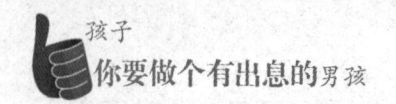

了，视野开阔了，思维就会变得活跃，更易于提出自己的疑问。

当然，质疑并非简单地否定，也不是提出自己的疑问就完事了，而是本着怀疑、探索的精神，用实践去验证质疑，也就是要大胆质疑、小心求证。就像王梦缘一样，她认为教材上的答案是错误的，但是没有急于向相关教材编委会提出质疑，而是查阅了一些资料，断定自己的想法是正确的，然后才向相关教材编委会发送邮件。

我们也要如此，当遇到有疑问的地方时，不要急于提出来，而是要通过查阅资料、向专业人员咨询、做实验等方式得出结论，以此验证自己的想法，然后提出自己的疑问。如此，我们才算具备严谨的治学态度。

学而不思则罔，思而不学则殆

"学而不思则罔，思而不学则殆"，这是孔子所提倡的一种学习方法。如果一个人只是一味读书而不思考，就只能被书本牵着鼻子走，受到书本表象的迷惑而不懂得其深层的含义，无法做到学以致用；如果一个人只是一味埋头苦思而不去学习和钻研，那么他也只能流于空想，一无所得，甚至会产生更多的疑惑。

这句话就是在告诫我们，要把学习和思考结合在一起，只有这样，才能学到真正有用的知识，才能学以致用，举一反三，否则将收效甚微。

德国著名思想家康德曾经说："感性无知性则盲，知性无感性则空。"这与孔子所说的"学而不思则罔，思而不学则殆"可以说是惊人的一致。可见，在知识的学习和获取上，没有地域、种族的差异，其根本原则往往是一致的，就是强调学习与思考相结合的重要性。

人非生而知之，我们只有不断学习前人留下来的经验、成果，才能充实自己的头脑，进而有所发现、有所创造。但是，如果只知死记硬背，而不加以思考、消化，就难以辨别所学知识的真伪是非，更不能融会贯通、不能学以致用，这就好比吃下的食物未经口腔咀嚼、肠胃消化，即便是再美味的佳肴，也不会被身体所吸收，这样非但无益，反而有害。

学习必须伴随着思考，思考的过程就是让我们判断真理的过程，思考得越深，学到的知识就越多。一个人从吸收知识到运用知识的过程，实际上就是一个学与思的过程。学习是思考的基础，思考是学习的深化。在学习的基础上思考，思考才能深入；在思考的前提下学习，学习才有效果。

尤其是在当今这个信息瞬变、知识爆炸的时代，必须将学习和思考结

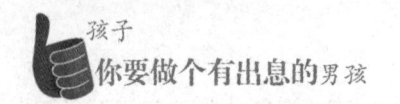

合起来，在学习中思考，在思考中提出自己的见解，从而点燃内心的激情，激发隐藏的潜能，去勇敢地攀登科学知识的巅峰。

一天深夜，著名物理学家卢瑟福看见一位学生在做实验，便走过去问道："这么晚了，你还在做什么？"

学生回答说："我在做实验。"

"那你上午在做什么？"

"也在做实验。"

"下午呢？"

"做实验，教授，我从早到晚都没有离开实验室。"学生说得很肯定，希望能得到教授的夸奖。

不料，卢瑟福却厉声责问："你一天到晚都在做实验，那你用什么时间来思考呢？"

这个故事就是在提醒我们，不要搞什么题海战术，也不要让那些没有实际意义的学习资料挤占我们有限的时间，而是多抽出时间用于思考。

有人说，问题是思考的起点。这话很有道理，如果我们经常处于问题的情境中，大脑就会一直处于积极活跃的状态，就会思考如何解决问题。所以，我们在学习的时候要开动脑筋，多问几个"为什么"。

我们要善于观察周围的事物或现象，提出一些问题，然后去思考，比如，"为什么氢气球能飘到空中"，"为什么彩虹是弧形的"，"为什么含羞草一碰就缩起来"，"为什么鱼在睡觉时不闭眼睛"，等等。

在课堂上，我们也要多提出几个"为什么"，以语文课文《养花》为例，老舍先生通过几件事情描写了养花的乐趣，那么问题就来了，老舍先生抢搬花草都已经累得腰酸腿疼了，为什么还说这是一种乐趣呢？老舍先生的花儿被砸死了30多种、100多棵，为什么还说这是一种乐趣呢？通过思考这样几个问题，就能加深对文章的理解，还能将这种写作手法或方式运用到写作中去。

平日里，我们还可以经常和父母、同学展开讨论，或是讨论某个值得关注的话题，或是讨论最近热议的某个人物、某件事情或某种现象，还可以参加学校或社区组织的辩论赛。这不仅有利于锻炼我们的思维，还有利于培养我们的口才，是一举两得的好事。

当然，除了在学习中思考之外，还可以在游戏中注入益智因素，在游戏中培养思考能力。而且，一项科学研究也表明：孩子们玩一些富有想象力、创造力的游戏，有利于培养他们的思考能力。

那么，我们可以在平日里玩一些益智类的游戏，如下棋、搭积木、玩魔方、走迷宫等。我们还可以参加一些智力竞赛之类的活动，或者是邀请同学、朋友在家里举办类似的活动。在这个过程中，我们要多动手、多动脑，运用比较、推理、概括等方法去思考问题。

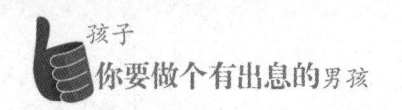

学会制订计划，并严格执行

你读过《八十天环游世界》这本名著吗？这是法国著名科幻小说作家儒勒·凡尔纳的著作，主人公斐利亚·福克与朋友打赌，要在八十天内环游整个地球。你认为他能成功吗？所有人听到这一消息都哄堂大笑，认为这是无稽之谈，谁都不相信他能成功。

斐利亚·福克坚定自己能做到，他制订了一份详细的计划：

从伦敦到苏伊士，途径悉尼山与布林迪西（火车、船）	7 天
从苏伊士到孟买（船）	13 天
从孟买到加尔各答（火车）	3 天
从加尔各答到中国香港（船）	13 天
从中国香港到日本横滨（船）	6 天
从日本横滨到旧金山（船）	22 天
从旧金山到纽约（火车）	7 天
从纽约到伦敦（船、火车）	9 天
总计	80 天

我想你已经猜到打赌的结果了吧！没错，斐利亚·福克赢了，他的勇敢、机智和毅力，让他成功地在八十天的时间内环游了整个地球。不过，还有一点不得不说，那就是他在付诸行动之前，制订了一份详细的计划。可见，计划是非常必要的。对于学习，亦是如此。

学习就像一场马拉松比赛，体力和毅力固然重要，但更重要的是如何规划马拉松比赛过程中的每一段路程。古语讲："凡事预则立，不预则废。"无论做什么事情，都要事先制订一个计划，并按照计划行事，这样成功的概率会更大，否则将事倍功半，甚至导致失败。

如果学习没有计划，我们就会陷入茫然无绪的状态，不知道应该做什么，既浪费了时间，又无法达到预期的学习效果。而一个切实可行的学习计划就像指导我们建筑知识大厦的蓝图，它会告诉我们什么时间段应该做什么事情，做的这些事情对于整个学习生涯和实现自己的理想有什么帮助。

制订学习计划的目的是改变被动学习、学习无规律的现状，通过确定学习目标和学习内容，合理地安排学习时间，从而提高学习效率与学习成绩。

不过，很多时候，我们受到认知水平、思考问题的方式等方面的局限，所制订的学习计划对完成学习任务、提高学习成绩没有产生实质性的作用，甚至出现了计划贴在墙上，但依旧随心所欲的情况，计划几乎形同虚设。

为此，我们一定要制订一份切实可行的学习计划，制订计划时要注意以下几个原则：

第一，计划要有针对性，符合自己的实际情况。对此，我们要正确认识自己，准确找出自己的长处和短处，明确自己学习的特点、发展的方向。在制订学习计划的时候，要考虑自己的学习水平、特点、接受能力、专注力等问题，不能将学习目标定得过高或过低，而是要定通过自己的努力就能达到的目标。

第二，计划要参照学校的教学进度，与在校的学习内容相匹配，在时间安排上不能与学校的正常活动相冲突。

第三，计划内容要明确、具体，不能含混不清，在一份学习计划中，只有时间和科目是不够的，应该尽量详细地列出每一个时间段要学习的内容。如果我们制订的学习计划不够具体，那么我们在执行的时候就没有针对性。

第四，计划内容要突出重点，不要平均使用力量。由于每个男孩的学习情况不一样，所以在学习内容的安排上就应该突出重点。所谓重点，一

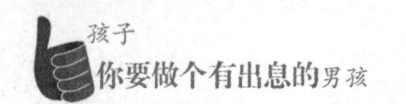

是知识体系中的重点内容；二是自己学习中的弱科或成绩不理想的学科或薄弱点。我们要合理安排学习内容的比例，把有限的时间和精力都用在"刀刃"上。

第五，计划要"劳逸结合""脑体结合"，除了在计划中安排学习的内容，还要把休息、娱乐、体育锻炼、家务劳动等内容安排在计划中，学习和其他活动应该合理安排，不要长时间地从事单一的活动，比如，安排学习科目时，尽量把文科、理科的学习交叉进行，不要将相近的学习内容集中在一起；学习和其他活动要交替安排。

第六，计划要"张弛有度"，留有余地。《弟子规》中说："宽为限，紧用功。"学习计划的总体时间要安排得宽松一些，以防止中间出现一些始料未及的事情而打乱全盘计划。在真正执行计划的时候，我们就要专心致志、抓紧时间。

如果你能够参照以上这几个原则，相信你会制订出一份真正适合自己、切实可行的学习计划。

制订好学习计划之后，能否积极地执行计划是关键。计划就好比是写在纸上的路线，如果不付诸实际行动，那么即使路线写得再详细，前进的道路描绘得再美好，它也不过是一纸空文，毫无意义。所以，我们要严格执行学习计划，如果出现了懈怠的念头，要为自己加油打气，鼓励自己坚持下去。

在执行计划的过程中，我们要定期检查执行的情况，检查的内容包括：有没有按照计划去执行；计划中的学习任务有没有完成；学习效果怎么样；没有完成计划的原因是什么；等等。接下来，我们就要根据检查的情况调整学习计划。

总之，面对学习计划，我们既要以基本不变为原则，又要有一定的灵活性。也就是说，一旦制订了学习计划，就尽量不要随意变动，否则学习随意性就很大，这样将很难养成良好的学习习惯，但是我们又要根据定期检查的情况及时调整学习计划，让计划真正符合自己的真实情况，使计划在学习中发挥更大的效用。

做好"预习、上课、复习、考试"等事项

对于学习而言,"预习、上课、复习、考试"是必不可少的四个环节,几乎代表了整个学习过程。这四个环节环环相扣,先预习功课,再上课,然后复习功课,最后通过考试检验学习的成果。

我们只要留心观察一下那些学习成绩优异的同学,就会发现一个规律,他们一般都做好了"预习、上课、复习、考试"等事项。可以说,做好这四个环节,是提高学习成绩的重要条件。

下面,我们就分别从"预习、上课、复习、考试"等事项,谈一下相应的学习方法和需要注意的问题。

预习。

预习是课前的自学,是指在老师上课之前,对将要学习的内容提前进行学习和理解。通过预习,我们可以明确听课的重点、难点、疑点,克服课堂学习的盲目性和被动性,更容易集中注意力,有助于提高我们的听课效率。

至于用什么方法来预习,可以采用"一了解,二思考,三动笔"的预习方法。所谓"了解",就是大概了解一下将要学习的内容,如果遇到不认识的字、英语单词、不懂的数学公式等,就可以直接跳过,在后面"思考"的环节中解决;所谓"思考",就是思考在"了解"过程中遇到的那些难题,绝不放过任何一个不太懂的地方,并细致地整理一下知识脉络,从中找出重点与疑问;所谓"动笔",就是把那些难题、重点、疑问用不同的符号标记出来,如用"?"表示疑问,作为课堂重点听讲的内容。

需要明确一点,预习功课的目的不是掌握所有知识点,不是解决所有

难题，而是对将要学习的内容有一个大致的了解，带着问题去听课，这样才有利于激发学习兴趣。我们如果已经掌握了所有知识点，解决了所有难题，就会丧失听课的兴趣，这就等于错过了一次最好的学习机会。

一般来说，预习应该放在完成当天学习任务之后，要想做好预习，就必须有一定的时间保证。如果时间充足，可以安排多一些内容预习，预习得深入一些；如果时间紧张，就要有选择地进行预习，或是选择重点科目，或是选择相对薄弱的科目。在预习之前，我们最好做一个小计划，比如，今天要预习哪门学科，预习哪些内容，大约需要多长时间，这样才能有目的地进行预习，预习的效率也会提高。

上课。

所有同学同坐在一间教室里，同听一位老师讲课，为什么学习成绩却千差万别呢？有一个重要的原因，就是会不会听课。上课是获取各科知识的中心环节，具有不可重复性，如果我们上课不认真听讲，那么我们课下无论花多长时间来补，都没有课堂上认真听课的效果好。所以，我们要向课堂要效率、要质量。

在上课的时候，要特别注意以下几点：

第一，认真听。遵守课堂纪律，不开"小差"，要聚精会神地听讲，充分理解老师所讲的内容，抓住重点内容。

第二，注意看。听接受的是声音信息，而看接受的是图像信息，如果能把听和看结合起来，将会极大地增强理解和记忆。所以在课堂上，我们既要注意看课本，还要全神贯注地看老师的板书、演示，认真领会，重点记忆。

第三，善思考。课堂上，要跟上老师的讲课思路，多动脑思考，多问自己几个"为什么"，还要把新知识和旧知识联系起来思考，做到融会贯通、举一反三。如此，才能学到真正的知识。

第四，多动嘴。在课堂上，要听从老师的指令，大声朗读指定的段落、公式、英语单词、短文等；积极回答老师提出的问题，举手提出自己的疑问；小组讨论的时候，要大胆发表自己的想法和观点。

第五，做笔记。课堂笔记有助于理解所学的内容，有助于注意力的集中，也有助于课后的复习。关键的问题是，要学会做笔记。但需要明确一点，上课的最重要的是听课，并辅以笔记。在做笔记的时候，要简明扼要地记录老师讲课的重点、难点和自己的疑问，最好是采用笔记本结合书本的方式，这样有利于节省做笔记的时间。

复习。

复习是对所学知识进一步消化吸收、巩固强化的过程。通过复习，我们不仅可以更深入地理解、掌握当天学习的内容，还能通过探索获得新知识，正所谓"温故而知新"。按照正常的学习次序，我们应该先复习当天的功课，再写作业，最后预习第二天将要学习的内容。

复习的方法包括：

第一，尝试回忆当天所学的内容。我们可以闭上眼睛，把课堂上学习的内容在脑海中过一遍，目的是弄清自己哪些内容完全理解了，哪些内容还不太理解，使进一步的复习具有针对性和目的性。

第二，精读教材。教材中的内容是最基础的知识，是必须理解和掌握的。我们对教材吃得越透，对所学内容理解得就越深。在精读教材时，既要全面，又要突出重点，争取把教材上的内容弄懂、吃透。遇到不懂、不会的问题，可以查阅工具书或参考书，实在弄不明白，就请教同学或老师。

第三，整理笔记。我们要把课堂上没来得及详细记录的内容补充完整，把记得不太准确的部分修正过来，使之更加系统、完整，便于复习。

第四，认真对待课后习题和作业。一般来说，课后习题和作业是老师针对课上所讲的重点内容布置下来的，我们要认真完成这些习题和作业，这样不仅可以加深对知识的理解和应用，达到活学活用的效果，还可以查漏补缺，检验复习的效果。

考试。

"考考考，老师的法宝；分分分，学生的命根"，这是我们经常喊的一句口号。我们总是把考试看得过重，害怕考不好会受到父母的惩罚、会受到老师的批评或同学的嘲笑。在这种状况下，我们恐怕很难考出好成绩。要知道，考试的目的只是为了检验我们在一段时间内对知识的掌握程度。那么，我们只要把考试当成是平时写作业那样，认真审题、答题，自然就能考出较好的成绩。

无论是大考，还是小考，充分的准备是必不可少的。首先，在考前进行复习，重点放在梳理知识点、查漏补缺、整理错题上；其次，注意考前的饮食和睡眠；最后，考试前，要收拾好考试用的文具，尽量多准备几支笔。

试卷发下来之后，不要急于答题，而是先把试卷大体浏览一遍，看一看题量是多少，题的难易程度，分值的分布情况，再合理分配一下每一道大题的答题时间，做到心中有数。

在做题的时候，一定要认真审题，可以多读几遍题目要求，再思考怎么作答，最后下笔做题。如果遇到不会做的题，不要在这道题上浪费太多时间，先跳过去，做后面的题，等全部做完之后，再回头思考这道题。

做完试卷之后，不要以为就无事可做了，而是要从头到尾检查一遍试卷，看看有没有漏题，所答内容是否切合题意，有没有错别字、病句、错误概念等。通过这样的检查，可以在很大程度上减少不必要的失分。

要善于抓住重点，有的放矢

印度著名诗人泰戈尔曾经说："当鸟翼系上黄金时，就飞不远了。"没错，当鸟背负的东西太多时，又怎能飞得更高、更远呢？

其实，对于学习，也是同样的道理。在学习方面，有很多事情等着我们去做，但是我们的时间和精力是有限的，很难把所有事情都做好，这时候，就不能平均分配力量，而是要有的放矢，突出重点。唯有这样，我们才能知道自己应该做什么，不应该做什么，才能在有限的时间内获得更大的收获。

先说在课堂上，一堂课虽然只有40分钟，但是课堂信息容量非常大，我们想要一直保持着极佳的听课状态几乎是不太可能的，那么善于抓住课堂的重点就显得尤为重要了。课堂重点，顾名思义，就是老师在课堂上所讲的重点内容，也是知识体系中的重点内容。

我们如果不能抓住课堂重点，东听一点儿西记一点儿，一节课下来，就有一种感觉，好像什么都听到了，其实什么也没掌握好；反之，能够抓住课堂重点，也就掌握了整堂课的精髓。

那么，我们就要善于抓住老师授课的重点，从老师所讲述的内容中去捕捉有用的"关键"信息，比如，课文的中心思想，定义的阐释，公式、定理的推导，解题思路、方法，等等；注意老师的板书，这往往是一堂课所讲内容的纲目和框架，涵盖了重点和难点内容；重点听在预习的时候没有弄懂的部分，解决所有的疑难问题。

通常情况下，老师反复强调的内容往往是本节课的重点或难点。在课堂上，老师经常会有一些提示语，如"请注意"、"我再重复一遍"、"这

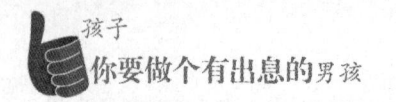

个问题的重点是……"等,或者是语气加重,这时候,我们一定要竖起耳朵认真听。

还有一点,就是一定要抓住一堂课的开头和结尾。然而,我们总会忽略老师讲课的开头和结尾,错误地认为,开场白不是听课重点,结束语只不过是老师的叮嘱,所以可听可不听。这是大错特错的。

要知道,每节课开始的时候,老师一般都会拿出几分钟的时间,用提问或自述的方式把上节课的重点内容强调一下,或者是复习一下与这节课内容有关的旧知识,再引出本节课的内容。可以说,老师的开场白起到了承上启下的作用,这不仅会帮助我们弥补上节课听课存在的漏洞,还有利于我们把新知识和旧知识联系起来。而下课前的几分钟,老师会把这节课的重点内容概括总结一下,有着不容忽视的作用。

由于班上同学的学习水平参差不齐,老师会采取不同的方式讲解不同的内容,这时候,我们就要根据自己的实际情况,抓住对自己有重要意义的重点内容去听。比如,老师所讲的这部分内容,虽然不是本节课的重点,但却刚好是自己所欠缺的,那么我们就要把它当成重点来认真听。当然,我们要对自己的学习情况有一个正确的评估,切不可眼高手低,否则会落个顾此失彼的下场。

我们除了要抓住每节课课堂重点之外,还要抓住另一个重点,就是成绩不理想的学科,即弱科。小学是打基础的阶段,如果在这时候出现偏科现象,就无法建构完整的知识体系。上了初中、高中之后,偏科现象会越发严重,进而陷入一种恶性循环。所以,我们要针对自己的弱科进行重点突破。

有时候,当某门学科总是学不好的时候,我们就很容易对这门学科产生恐惧心理、排斥心理,成绩自然就越来越差。我们要知道,一个人能否做成、做好一件事,首先看的就是他有没有信心。我们只要有信心把这门学科学好,再加上方法得当,肯下功夫,就一定能让弱科变强。

为了加强弱科的学习,我们要在弱科上尽量多地投入时间。在时间的安排上,要采用循序渐进的方式,从短到长,如果一开始就投入大量时间，很可能会增加对弱科的厌烦感。

时间的问题解决了，下面的重点就要看怎么去补习了。我们首先要把补习弱科的重点放在查漏补缺上，尤其是基础知识，看看自己哪方面的基础知识还没有掌握好，争取将基础知识全面突破。然后，我们要通过多做题提升能力。不过，我们一开始不要盲目地去尝试做新题、难题，否则会打击积极性、摧毁自信心。我们最好先把之前做过的习题、试卷、作业或错题本上的题目翻出来重新做一做，看看解题中存在的问题，总结出答题思路和技巧，把这些内容全部弄懂之后，再配合适量的新题进行训练，如此，成绩一定会有起色。

我们在加强弱科学习的时候，千万不能"矫枉过正"，否则会出现强科变弱科、弱科变强科的现象。也就是说，我们在加强弱科学习的同时，还要充分发挥强科优势，补弱科之短，扬强科之长，从而得到更全面地发展。

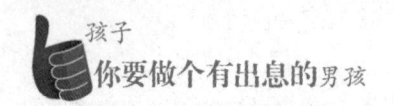

寻找榜样，善于向优秀同学去学习

常言道："榜样的力量是无穷的。"也有人说："一个榜样胜过书上二十条教诲。"这些话说得很有道理，榜样不是死板的条条框框，而是活生生存在的一个人物，可以给我们带来前进的动力，激励我们充满信心地走在成长的道路上。

我们以什么样的人为榜样，就可能成为什么样的人。我们以伟人、智者、科学家、英雄人物等为榜样，能够促使自己找到前进的方向和动力，激励自己成为像他们一样有所作为的人；如果崇拜那些爱打架、抽烟喝酒、有文身的人，就很可能被带入歧途，成为像他们一样无所作为的人。

无论是谁，都需要寻找一个好榜样，因为，好榜样的力量在一个人的成长过程中起着重要的激励作用。在好榜样的带动下，我们会不断地充实自己、锤炼自己，把榜样的经验、教训作为自己不断成长的营养素，从而使自己获得更大的进步。

说到这儿，你可能会想到爱因斯坦、牛顿、居里夫人、达尔文、霍金、爱迪生、钱学森、华罗庚、袁隆平等科学家，也可能会想到比尔·盖茨、乔布斯、马云、李开复等创造商业神话的科技人物。

这些科学家、科技人物的确可以成为我们学习的榜样，但是他们离我们太遥远，我们没有直观的感受，也许不容易从他们身上学到特别契合自己的东西。此外，他们的某些经历比较富有传奇色彩，并不适宜我们去学习借鉴。

而恰恰是我们身边的一些同学，由于与我们的生活环境相似，与我们所经历的事情、所感兴趣的东西、所谈论的话题、所看的图书都很相似，所以更容易引起共鸣，他们身上值得学习的地方有时候要比那些遥不可及的名人更让我们感到"亲切"，学习起来也更有可行性。

其实，在我们周围，就有很多这样的男孩。他们平时贪玩，不爱学习，忽然某一天找到一个优秀的学习榜样，这个榜样或是拥有令人羡慕的优异成绩，或是拥有令人信服的人格魅力，这些男孩一切都会有所改观。这就是榜样的力量。

所以说，榜样不一定要多么伟大，也不是一定是伟人、名人，只要是在学习或生活中比我们优秀的人，都可以成为我们的榜样。在榜样的指引和鞭策下，我们会不断取得优异的成绩，不断拥有优良的品德，与理想也越来越近。

在寻找榜样的时候，最好可以具备以下几个条件：

第一，高。

榜样不仅要在某些方面高于我们，还要在我们的心目中有较高的威信，如果我们无法信服他，也许就很难放低姿态，虚心地向他学习。

第二，近。

一方面，榜样要有亲和力，让人愿意接近。如果榜样高不可攀，可能就会拉大与我们的距离；另一方面，榜样是靠近我们最近发展区（现有水平与可能的发展水平之间的差异）的，也就是说，在榜样的影响下，我们能够看到前进的方向，以及取得成功的可能性。

第三，远。

榜样对我们的影响应该是深远的，能够形成一种强有力的磁场，吸引着我们长远发展。

不过，这里所说的榜样，并不一定是那种"全才"，即不一定非要在各个方面都表现出色，哪怕他只是在某一方面做得比较好，也一样可以是我们学习的榜样。当然，这不仅包括学习方面，还包括品格方面。有的同学学习成绩也许并不那么优异，但是他在其他方面表现得却很好，如热爱劳动、有责任心、有爱心、乐于助人、有担当、懂礼貌、诚实等，那么，

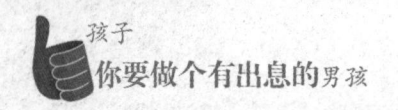

我们也应该把他们当成学习的榜样，主动向他们学习。

需要注意的是，向榜样学习，并不是简单的模仿，不是榜样做什么，我们就跟着做什么。因为，每个人的性格、喜好、能力等方面都各不相同，如果只是简单的模仿，恐怕只能学个样子，很难真正从榜样身上学到好的东西。

对此，我们应该多与榜样进行交流，听一听他们是如何对待学习、处理事情的，抓住他们在学习或做事中所体现出来的本质和精神，将他们学习与做事的方法融入自己的习惯中，这样我们才能有所收获。

不过，榜样并不是集所有优点于一身，榜样也有不如他人的地方，也有做得不足的地方，正如我们常说的"金无足赤，人无完人"。那么，我们在向榜样学习的时候，就不能不加选择地全部学习，而是要用"择其善者而从之，其不善者而改之"的态度去学习。也就是说，在向榜样学习的时候，要懂得学习他身上的优点，舍弃他身上的缺点和不足。

注意劳逸结合，学会休息

对于我们而言，劳逸结合就是学习和休息相结合，我们既要全身心地投入到学习中，又要学会休息。我们只有懂得劳逸结合，学会适当地休息，才能让自己一直保持最佳的学习状态，才能有足够的精力去学习，取得事半功倍的效果。那些无计划、盲目拼时间、不讲究效率的做法，看起来很"革命"，实则费时费神，得不偿失。

学习是一种高强度的脑力劳动过程，需要我们时刻保持清醒、敏捷的头脑，否则将很难保证学习效率。因为，大脑在工作时会一直处于一种高度兴奋的状态，对氧气的需求量会增加，对氧气的损耗也会变快。我们如果长时间投入到学习中，大脑将会严重缺氧，脑神经细胞会出现疲劳，大脑皮层会产生保护性抑制，随之大脑功能开始下降，我们就会产生注意力难以集中、记忆力下降、感觉迟钝、思维反应变慢等一系列症状。

要知道，大脑是一个精密度很高的器官，有自己的活动规律，即兴奋和抑制交替出现。而每个人集中注意力都有一个固定的时间，这与大脑的兴奋期是一致的。那么，我们就应该遵循这个规律，注意劳逸结合，不打疲劳战，学会适当地放松自己，然后以饱满的精神投入接下来的学习中。

就像在学校上课，每节课40分钟，然后休息10分钟，这种安排是合理的，是符合生理学和心理学规律的。平时学习时，我们也应如此，学习一段时间之后，就停下来休息一会儿，放松大脑，出去走走，换换空气，这样可以消除大脑和身体的疲劳，以更好的状态投入学习中，从而提高学习效率。

至于学习多长时间之后再休息，这个时间并不是绝对的，有的男孩能

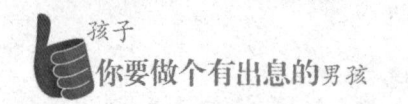

坚持学习40分钟，而有的男孩只能坚持学习30分钟，那我们就根据自己的实际情况决定学习和休息的时间。同时，在执行的时候，不能太过死板，要灵活掌握。比如，到了限定时间，还有一道题没做完，或者是还有课文没有读完，那么就尽量先把该做的题、该读的课文都完成之后再休息，而绝不是到了时间就一定要休息。

在现实中，很多男孩难以做到"该学习的时候学习，该休息的时候休息"。有的男孩在学习的时候，脑海中想到的却是接下来要玩什么、怎么玩，可等真到了休息的时间，他又开始为刚才的学习情况担忧。如此，学也学不踏实，休息也休息不好，这样的"劳逸结合"就是失败的。

我们必须将学习和休息区分开，学习的时候，就专心致志地学，尽量不被外界的事物干扰；休息的时候，就真正抛开书本，踏踏实实地休息，彻底让大脑和身体得到放松。这才是真正的"劳逸结合"。

我们应该把最好的时间用来学习，而不是做其他事情。休息的时间不能算是浪费时间，但是如果我们在最佳时间段里休息，就不能不说是一种浪费了。我们要想高效学习，就应该充分利用好每天的最佳学习时间段——黄金时间。

据生理学家研究表明：一天之内共有4个学习的黄金时间，第1个黄金时间是清晨起床后，第2个黄金时间是8:00至10:00，第3个黄金时间是18:00至20:00，第4个黄金时间是入睡前1小时。

如果我们懂得把黄金时间用在学习上，就可以轻松自如地掌握、消化和巩固知识，提高学习效率。不过，对于不同的男孩来说，还有自己独特的学习时间规律和习惯，所以我们要懂得充分利用好自己独特的黄金时间。

在学习的过程中，我们可以变换学习内容，各学科交叉安排，尽量避免长时间学习单一学科，相近的学习内容不要集中在一起学习，比如，背完语文课文一般不要背诵英语，而是安排数学，这样既可以增加学习的趣味性，还可以更加科学地用脑，使大脑皮层的不同区域轮换休息，提高学习效率。

有的男孩虽然注意了劳逸结合，但是休息的方式却是不健康的。有的男孩一说休息，就直接把书本一推，要么开始看电视，要么开始玩电脑游戏，这并不能得到真正的休息，因为大脑依然在"不知疲倦"地工作。

我们应该寻找正确的休息方式，让自己的大脑和身体得到彻底的放松。最好的休息方式就是离开书桌，站在窗户旁边或阳台上尽量向远处眺望。我们之所以这样做，是因为如果长时间看近物，眼睛的睫状体和晶状体就会长时间保持紧张状态，眼睛就会感到疲劳。而适当地远眺几分钟，就可以调节晶状体的伸缩状态，减缓眼睛疲劳。除此之外，还可以活动一下身体，做一遍眼保健操或广播体操，也可以出去走走，呼吸一下新鲜空气。总之，休息的时候，就要让大脑暂时脱离书本。

孩子
你要做个有出息的男孩

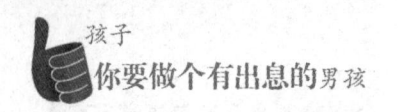

创造条件，去开阔自己的视野

我们从出生到长大，随着接触的事物由少到多，眼界也由窄变宽，这原本是一个自然发展的过程。然而，现实情况却并非如此。

我们的生活圈非常狭窄，几乎就是两点一线，每天往返于家与学校之间，除了学习还是学习，很少有时间到外面走一走，自然也很少能接触一些新鲜事物。结果，一些生活在城市里的男孩没见过猪、羊、牛等牲畜，分不清韭菜和麦苗，不知道面粉是从哪里来的，不知道土豆是长在土里还是长在树上。一个所见所闻少得可怜的男孩，怎么会有开阔的视野呢？

我们经常听到这样的话语："一个人的视野决定了他的高度。""只有站得高，才能看得远。"我们的生活圈之外还有很多东西需要去了解、去经历，而一个视野开阔的男孩，自然会见识广博，思想也会更有深度、更有宽度。所以，我们要给自己创造条件去开阔视野。

借助阅读开阔视野。

我们都知道，书籍是人类最好的老师。阅读一些有益的书籍，不仅可以积累丰富的知识，体验丰富的情感，还可以开阔视野，激发对外界事物的好奇心。

我们要广泛接触不同类别的书籍，比如，《弟子规》《三字经》《百家姓》《千字文》等中华儿童启蒙经典；《大学》《中庸》《论语》《孟子》等国学经典；《小王子》《秘密花园》等有意义的世界名著；《十万个为什么》等科普类的书籍；等等。

此外，我们还可以订阅报纸，了解国内外各类信息，还能在专版和副刊上阅读各类知识性的文章、散文、杂文等，这都能开阔我们的视野。也许，你会认为如今已经有了智能手机、电脑，就不必再读报纸了。这显然是一种误区，报纸是必不可少的"精神食粮"，读报的好处是上网看新闻无法替代的。

由于书籍和报纸的品质良莠不齐，我们一定要有所选择，可以问问父母、老师的建议，也可以咨询一下周围的同学，谨防阅读到一些低俗、不健康的读物。

经常参观科技馆、博物馆等场所。

科技馆、博物馆、天文馆、博览会展馆、科博会展馆、世博会展馆等场所，是我们增长见识、开阔视野的好地方。我们应该多抽时间去这些地方参观，了解关于科技、历史、天文、军事等方面的知识，而且还能不出国门就了解到国外的文化和风土人情。

在科技馆，我们可以看到介绍四大发明、陶瓷、建筑、纺织、刺绣、中医中药等方面的内容，还可以看到陈列的火箭、战船、指南针、水车、水磨等；在天文馆，我们可以观看到月亮、行星、星云、星团，还可以观看到日食、月食等天象。

虽然我们可以从书本中了解到这些方面的知识，但是文字图片和真实的形象还是有一定差别的。在参观科技馆、博物馆等场所的过程中，我们能够通过视觉直观地了解到书本上所描绘的内容，不仅加深了印象，还开阔了视野。

在旅行中开阔眼界。

俗话说："读万卷书，行万里路。"旅行是一种动态的学习方式，是增长见识、开阔视野的最佳途径之一。我们无论从书本中掌握了多少知识，都应该走出书本，走进大自然，去阅读那些承载着无数知识的"无字之书"。

西方哲学家圣奥古斯丁曾经说："世界就像一本书，不去旅行的人只读到了其中的一页。"没错，我们只有经常到外面走一走，才能看到更多关于世界的其他篇章，才会拥有丰富、多彩的人生。

如果条件允许的话，我们要抽时间去外面走一走、看一看，或是去畅游祖国的大好河山，或是去郊外、公园游玩。对于目的地的选择，我们可以遵循几个最基本的原则，其一是事先要和父母商量，要得到父母的许可才可以去；其二是考虑自家的经济条件，经济条件允许可以到外地旅行，不允许的话可以去城郊、野外、公园里走一走；其三是去一些有意义的地方，尽量不要去环境嘈杂、过于喧闹的地方。

在旅行的过程中，我们可以欣赏到优美的自然风光、人文景观，还可以了解各地的风俗民情，以及历史、地理、建筑等方面的知识，不仅有助于陶冶情操，提高审美情趣，还有助于增长见识，开阔视野，这对我们的一生来说都是一笔宝贵的财富。

◆ 第五章 ◆
男孩就是要有一个宽广的心胸

有句话说,"心有多大,舞台就有多大"。确实如此。纵观古今中外,但凡取得一定成就的人,必定有宏大的志向,但凡有宏大志向的人,必定有一个宽广的心胸。作为一个男子汉,要想有所作为,拥有人生的大舞台,就一定要有一个宽广的心胸。

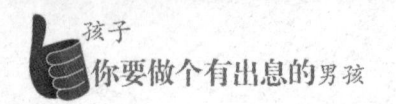

给自己一颗包容整个世界的宽容心

古人云:"泰山不让土壤,故能成其大;河海不择细流,故能就其深。"意思是说泰山之所以有这样的高度,是因为它不拒绝任何渺小土壤的堆积;河海之所以有这样的深度,是因为它不拒绝任何细小溪流的汇入。泰山与河海正是由于具有包容性,才形成了如今的规模。

还有一段耐人寻味的话:"天空收容每一片云彩,不论其美丑,故天空广阔无比;高山收容每一块岩石,不论其大小,故高山雄伟壮观;大海收容每一朵浪花,不论其清浊,故大海浩瀚无边。"

由此可见,万事万物要在自然界中有一片立身之地,一定要具有包容性。做人更是这样,要给自己一颗包容整个世界的宽容心。

那么,什么是宽容呢?美国作家马克·吐温曾经给宽容下了这样一个定义:一只脚踩扁了紫罗兰,它却把香味留在了脚上,这都是宽容。宽容是一种美德,是一种海纳百川的大度,是对他人的善待和释怀。

俗话说:"将军额上能跑马,宰相肚里能撑船。""忍一时风平浪静,退一步海阔天空。"这都是君子的作风。蔺相如礼让廉颇是宽容,诸葛亮七擒七放孟获是宽容,鲍叔牙不计前嫌举荐管仲也是宽容。

你知道位于安徽省桐城市的"六尺巷"吗?关于"六尺巷"的由来,有这么一段引人思考的故事。

清代康熙年间,文华殿大学士兼礼部尚书张英的桐城老家人,与邻居叶家在宅基问题上发生了争执,由于两家宅地都是祖上基业,时间久远,谁也不肯相让,将官司打到了县衙。因为两家都是名门望族,县官不敢轻易决断。

于是，张家人千里传书给在京城的张英，希望借他的权势"摆平"叶家。张英大人看到书信，只是释然一笑，挥笔写下了一首诗：

千里家书只为墙，让他三尺①又何妨？

长城万里今犹在，不见当年秦始皇。

见到回信，张家人顿时豁然开朗，主动把院墙向后撤了三尺。叶家得知此事后，深受感动，也深感惭愧，于是把自家的院墙也向后撤了三尺。这样，两家的院墙之间就形成了一条六尺宽的巷子。六尺巷由此得名。

这个故事成为宽容的美谈，张英的宽容也被广泛传诵，至今依然能给人带来无尽的思索和启示。如果张英倚仗权势欺压邻居，结局肯定没有这么圆满，如今的六尺巷也就不复存在了。

从这个故事中，我们还能受到一点启示：任何事情都是相对的，我们善待他人，他人就会善待我们；反之，我们跟别人过不去，别人也会跟我们过不去。我们唯有宽以待人，才能享受到快乐，才能感受到生活的美好。

宽容就是多包容他人的缺点。世上没有完美无缺的人，每个人都有这样或那样的缺点，你我都不例外。我们不能用完美的标准、挑剔的眼光去看待他人，不要只看他人的缺点，而是要用欣赏、宽容的眼光去看待他人，多看他人的优点，包容他人的缺点。

宽容就是不计前嫌。不管以前发生了什么不愉快的事情，现在都不去计较，不要耿耿于怀，过去的就让它过去，忘记昨日的是非，忘记别人先前对自己的责备、嘲笑，忘记那些令自己痛苦的事情。学会忘却，学会放下，才有阳光，才有欢乐。

在这个世界上，没有人愿意和小肚鸡肠的人做朋友，也没有人愿意和心胸狭窄的人合作共事。而具有宽容之心的男孩就不同了，他往往是善解

---

① 1尺≈0.33米。

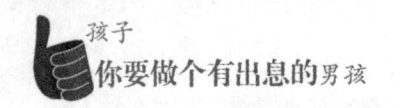

人意的，也有容人的雅量，无论走到哪里，都会受到欢迎，也会结交到更多的朋友。

法国大文学家雨果曾经说过："世界上最宽阔的是海洋，比海洋更宽阔的是天空，比天空更宽阔的是人的胸怀。"让我们给自己一颗包容整个世界的心，以宽广的胸怀去笑对人生的风雨，从而获得精彩的人生。

学会与人分享，不自私

分享是一种智慧，更是一种素质，是将自己喜爱的物品、美好的情感体验、劳动成果、思想经验与他人共享的过程。学会与人分享，能使你的心胸更开阔，使你变得更睿智。没有分享的人生是不完整的。

儒家经典《孟子》中有这样一段记载：孟子见梁惠王，问："独乐乐，与人乐乐，孰乐？"梁惠王答："不若与人。"孟子又问："与少乐乐，与众乐乐，孰乐？"梁惠王又答："不若与众。"这就是分享，是快乐的最高境界。

与人分享快乐，便是以自己小小的喜悦去点亮他人的喜悦，那么快乐就会加倍。一篇启迪心灵的文章，一首欢快动听的歌曲，自己独享，是一种小小的快乐，而与他人分享，则会放大自己的快乐，给他人带去快乐，大家共享，大家共乐。同时，我们也会得到他人的喜爱与尊重。

在生活中，我们都离不开分享的快乐，因为每个人都希望当自己快乐的时候也能让周围的人快乐。如果一个人的快乐，没有分享给他人，就好比一盏小小的蜡烛，没有在火光还亮的时候点燃其他蜡烛，那么这盏蜡烛很快就熄灭了。也就是说，没有分享的快乐是不长久的，是很短暂的。

我们读到一则意味深长的故事，然后拿给周围的人阅读，这是一种分享；我们一起打篮球、踢足球，看到他人进球，送上真诚的祝贺，也是一种分享；我们去某个地方旅行，拍了一些照片，回来以后和朋友一起欣赏照片，给朋友讲旅途中遇到的新鲜事，同样是一种分享……这样的事情还有很多很多，都是值得我们去分享的。

如果你有6个苹果，你会怎么做？是与周围人共享，还是留着自己慢

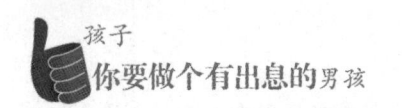

慢吃？新东方的创始人俞敏洪讲过一个关于6个苹果的故事，这是他一个企业家朋友亲身经历的事情。

他们班有个男同学家庭比较富有，每周都会从家里带6个苹果，一开始，宿舍里的同学都以为这些苹果是一人一个分着吃的，没想到，那个男同学并没有把苹果分给他们，而是自顾自地一天吃一个苹果。久而久之，他们和这个男同学之间变得疏远了，因为那个男同学给其他人留下了自私和小气的印象。

后来，其中一个男孩成了一名企业家，那个吃苹果的男同学就希望加入这个团队，没想到被委婉地拒绝了。原因很简单，因为在他们的心目中，都难以抹去关于6个苹果的记忆。

当我们有6个苹果的时候，如果全部都自己吃了，那么你就只能品尝到一种味道，那就是苹果的味道，表面上看似乎什么都没失去，但实际上失去了很多，如友谊。

相反，如果你把苹果分享给他人，当他人有了别的水果时，也一定会分享给你，那么，你就会从这个人手中得到一个梨，从那个人手中得到一个香蕉，最后你就会得到多种不同口味的水果。更重要的是，你懂得分享，将会得到周围人的喜爱、信任，将会获得更多友谊，而这些是金钱无法买来的。

由此可见，分享并不是一种失去，而是一种获得，会得到更加重要且丰富的东西。所以，我们要学会与他人分享，分享自己的思想、情感、财富等，哪怕只有一个苹果，也可以分成几瓣大家一起吃。

当然，我们与人分享，并不是为了得到更多的东西，而是要享受分享的过程，感受分享的快乐，这才是真正的分享。

在家里，父母总会把好吃的、好喝的留给我们，这时候，我们一定不要去独享，无论家里有什么好吃的，无论有多少，都要分成几份，先拿给祖父母，再拿给父母，最后才是自己的。一家人围坐在一起，吃着东西，聊个家常，这是多么美好的画面啊！

当然，分享并不只是将物质的东西分享给大家，还应该学会分享非物质的东西。一本好书，一件有趣的事情，一个笑话，一首动听的歌曲，一幅美丽的风景画……都可以拿出来与人共享。

《弟子规》中有句话："己有能，勿自私。"如果自己有才能，不要吝啬，要拿出来跟大家分享，帮助他人，跟他人共同成长。比如，我们学会了一项本领，就可以尽己所能去教大家，让大家都能掌握这项本领；当同学在学习上遇到困难向我们求助时，我们应该尽己所能地去帮助同学。

真正意义上的分享是心甘情愿的，是主动的，而不是为了获得表扬或获得别的对自己有用的东西才强迫自己去做的；分享之后会感受到快乐，而不是失落；分享是不分对象的，能够一视同仁；分享应该成为一种行为习惯，而不是偶尔为之。

总之，我们要明白，自私是利己的，而分享是互利共赢的。因为有了分享，所以我们更加快乐，而我们收获的也会更多。

孩子
你要做个有出息的男孩

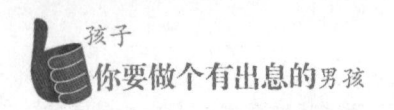

学会豁达大度，不斤斤计较

　　一个人的胸怀，可以像天空、像海洋，也可以像湖泊、像游泳池，甚至可以像马蹄坑、像针眼。想想看，你的胸怀像什么呢？

　　也许因为是独生子女的关系，我们受宠的时候多，吃亏的时候少，一旦自己吃了点亏，即便是芝麻大的小事，也会斤斤计较，不依不饶。比如，别人踩了你一脚，你非要踩回来不可；别人打了你一下，你非要打回来不可，否则不会善罢甘休。

　　在男孩子的世界里，打打闹闹是不可避免的，也是很正常的。如果我们凡事喜欢斤斤计较，不肯退让，那么我们的眼界就会变得越来越窄，而在计较的过程中我们将失去快乐和朋友，同时这对我们未来的发展也会产生负面的影响。

　　你想想，世界如此宽广美丽，而心胸狭窄、小肚鸡肠的人却只顾着自己的"一亩三分地"不被人侵犯，经常为了鸡毛蒜皮的小事跟别人争得青筋暴起，打得头破血流，却难以领略这个世界的无限风光，这是多么可悲的事情啊！

　　俗话说："量小非君子，无度不丈夫。"度量小就不是君子，没有度量的人就不算是一个男子汉。谁不愿意当君子呢？那就要做一个有度量的人，并且是度量大的人，在为人处世时豁达大度，不去斤斤计较。如此，你会发现，原来自己得到的要比失去的多得多，而且你会更快乐、更懂得感恩。

　　某年冬天，威尔·罗吉士继承了一个牧场。一天，牧场的一头牛冲破附近农家的篱笆去啃食玉米，结果被农夫牵回去杀死了。农夫没有登门向

108

第五章　男孩就是要有一个宽广的心胸

罗吉士述说原因，他非常气愤，就带着一名雇工去找农夫理论。

在路上，他们遇到了寒流，差点冻僵了。他们抵达农夫家的时候，刚巧农夫不在家，农夫的妻子热情地招待了他们，罗吉士看见农夫的妻子面容憔悴，躲在桌椅后面的5个孩子也都骨瘦如柴。

不一会儿，农夫回来了，妻子告诉他，罗吉士是冒着狂风严寒过来的，农夫热情地伸出手和罗吉士握手，而本想开口质问农夫的罗吉士也把到嘴边的话咽了回去。农夫留他们吃饭，满脸抱歉地说："本来是可以吃牛肉的，但是刚刚在宰牛的时候，忽然刮起了大风，没能宰好，只能委屈你们吃点粗茶淡饭了。"盛情难却，两个人便留下来了。

吃饭的时候，雇工一直等着罗吉士开口谈杀牛的事情，但是罗吉士什么也没说，和这家人有说有笑的。当孩子们听父亲说"从明天起几个星期都有牛肉吃"时，个个高兴得活蹦乱跳。饭后，由于寒风仍在怒号，农夫一家诚恳地让两个人留宿。

第二天早晨，罗吉士和雇工吃完丰盛的早晨就告辞了，而罗吉士对此行的来意闭口不提。在回家的路上，雇工不解地说："我本以为你会为了那头牛兴师问罪呢！"罗吉士笑笑说："我本来是为了那头牛来的，但是我盘算了一下，我实际上并没有白白失去一头牛，我换来了人情味，还换来了一个朋友。再说，他也不是故意跟我过不去，他也不知道那头牛就是我的，而且他家的确需要一头牛过冬。从今以后，咱们谁也不许再提那头牛了。"

罗吉士虽然失去了一头牛，但是他却得到了比一头牛珍贵得多的人间真情。如果罗吉士与农夫斤斤计较，非但不会给他带来什么好处，反而会使他失去朋友和人情味。

事实上，无论是谁的过失，只要我们计较得多，就一定不会快乐。因为，快乐不是拥有得多，而是计较得少。所以，我们要学会豁达大度，懂得理解他人，多站在他人的角度和立场考虑问题，切忌心胸狭隘、斤斤计较。

当然，这里所说的忍让、退让绝不是意味着迁就、逃避，更不是缺乏男子汉气概的表现，而是在明辨是非的基础上，用豁达大度的胸怀去面对

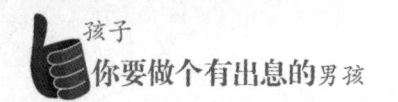

他人的言行。真正的强者，不会去和他人斤斤计较，而是把计较纠缠的时间节省下来用于学习，腾出更多的精力去做更多有意义的事情，这才是大境界、大智慧。

其实，豁达大度不仅仅需要我们去包容他人，更多的时候还需要我们用这份度量帮助自己。身处困境的时候，豁达之心可以让自己暂时忘却眼前的困难，让自己有勇气和信心去战胜困境；失意的时候，豁达之心可以让你抛去烦恼忧伤，重新树立起对美好生活的信心和憧憬。这些正是豁达心态的真实写照。

学着谦让，但不是无原则地退让

谦让，顾名思义，就是谦虚地礼让或退让。谦让是一种美德，一种风度，表现出来的是心胸的宽广，是对他人的友善、尊重。一个谦让的人，不会计较一时的得失，而是胸怀全局，以宽广的胸怀去容纳他人、团结他人、感化他人。如果人人都能谦让，那么就会减少很多摩擦、矛盾，人与人之间就能和谐相处。

然而，随着社会竞争日趋激烈，似乎越来越多的人认为谦让已经过时了，甚至认为谦让是一种懦弱的表现，如果一味地对他人谦让，就会令自身利益受损，进而影响在这个社会中的生存，而要想在社会中拥有一片立足之地，就必须竞争。

竞争本没事，要想得到更好的发展，就必须积极进取。但是，如果我们一味地追求竞争而不懂得谦让，那么竞争就会走进"死胡同"，变成自己的"独角戏"，这样只会引起他人的反感。

谦让并不是说不去竞争，两者并不矛盾，竞争的出发点是为了取得进步，但是要懂得尊重他人、包容他人。我们只有具有谦让的品质，又具备较强的积极上进的意识，才能正确处理好自己与他人的关系，才能得到更好的发展。

谦让是为了寻求一种内心的平和，内心平和了才会心静，心静了才会生出大智慧，这更利于我们处理遇到的问题。谦让展现出的气度和修养，又会让自己获得好人缘，得到更多人的喜爱与信任，而这往往又会给自己留有更多发展的空间和机会。

儒家提倡"温良恭俭让"，认为这是做人的起码道德准则，是待人接物的准则。但是，很多人一旦牵扯到自身利益，做到一个"让"字就显得

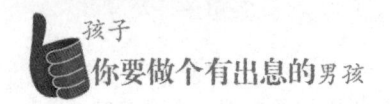

不那么容易了。

曾经有这样一则公益广告：

除了人们拥挤在公交车门前的画面，始终都是画外音，一位男士和一位女士为了能先挤上公交车而大吵起来，一位老者心平气和地劝告两位年轻人"把心放宽就不挤了"。

不可否认，现在越来越多的人只顾着考虑个人利益，很少能站在他人的立场和角度考虑问题，也很少能放弃个人利益帮助他人。就像乘车这样的小事，人们只顾着先挤上车，只顾着抢座，却不能谦让一下，先让他人上车，即使不谦让他人，也应该排队上车。事实上，谦让不仅可以化解矛盾，还体现了一种为人的风度与素养。

大凡世间万事，无不是"争则不足，让则有余"。对于我们来说，谦让更多的是自觉遵守秩序，而这于人于己都会带来方便。走在马路上，谦让一下那些行色匆匆的人；坐公交车的时候，谦让一下老弱病残孕乘客；排队买票的时候，谦让一下有急事的人……

有时候，也许你的谦让会被人误解为逃避、懦弱，会导致对方趾高气扬。但只要我们是心甘情愿的，是真正为他人着想的，被人误解又何妨呢？再说了，对方一旦真正理解了你的用心，会对自己过去的无知而感到羞愧，从心底里发出对你的尊重。

当然，谦让也是有选择性的。比如，老师安排的一项任务，我们明明可以胜任，可以做得很好，却非要做无谓的谦让，我推你，你推我，到最后可能谁都完成不好，这就走入了谦让的误区。在有些事情上，我们应该当仁不让，尽全力做好自己的本分事。

此外，我们要懂得，谦让并不是无条件地妥协，也不是无原则地退让，更不是懦弱的表现，而是建立在相互理解的基础上，是在有一个明确的是非对错的判断之后，主动做出的一种理性的让步，是一种"忍一时风平浪静，退一步海阔天空"的豁达心态。一味地强调谦让而不去辨别是非对错是一种不理智的行为。因此，我们要正确理解谦让，正确地发挥谦让带来的德行的感召力，但是，每个人该承担的责任还是要承担，不要让谦让变为退让。

善于听取他人的意见

一个人的智慧是有限的，对事物的认识也会受到局限性的影响，而只有善于听取他人的意见，从中汲取合理的、有益的成分，来弥补自身的不足，才能减少失误，起到事半功倍的效果。可以说，善于听取他人的意见是每个有志者必备的品格和素养。

古语说："兼听则明，偏信则暗。"东汉政治家王符在《潜夫论·明暗》中说："君之所以明者，兼听也；其所以暗者，偏信也。"这就是在告诫我们，听取多方面的意见，才能明辨是非，正确地认识事物；而只相信单方面的话，就会糊涂，犯片面性的错误。

想想看，世界上的事物都有其错综复杂性，人们受自身知识、经历、观念等因素的局限，难免会在一些事物的见解上有所缺失，一个人即便再深思熟虑，也难免有疏漏和考虑不到之处，唯有善于听取他人的意见，方能集思广益，兼收并蓄。

历史上，齐威王善于听取邹忌的进谏，广开言路，才有了"燕赵韩魏闻之，皆朝于齐"的盛况；唐太宗虚心听取大臣魏征的劝谏，并鼓励大臣直言进谏，才开创了"贞观之治"的大唐盛世……

如果刚愎自用，妄自尊人，听不进任何人的意见，那么就无法从中吸取对自己有益的东西，轻则故步自封，阻碍前进的道路，重则一事无成，事业前程毁于一旦。

刘备没有听取赵云、诸葛亮的直言相劝，为报孙吴袭荆州、杀关羽之仇，出师伐吴，结果在夷陵之战中，孙吴大将陆逊用火攻蜀军，导致火烧连营七百里，蜀军大败，刘备带领残兵狼狈逃至白帝城，不久后便病死在

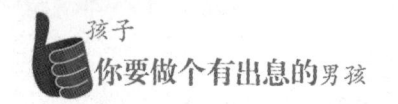

了白帝城；项羽不听亚父在鸿门宴上杀掉刘邦的建议，结果自刎于乌江……

从这些真实的事例中，我们应该受到启示，如果听不进别人的意见，等待我们的很可能是失败。因为，我们很难发现自己的缺点和过失，而只有通过他人坦诚地指出来，我们才能意识到这个问题，进而想办法去改正缺点、弥补过失。

对于我们来说，他人是一面很好的镜子，这面镜子能从不同角度照着我们。不管别人提出的意见多么尖锐、多么不中听，但只要他提得合理，我们都要认真听，善于从中汲取有益于自己的部分，从而不断完善自我。

孔子曰："君子不以言举人，不以人废言。"在听取别人意见的时候，要避免因人废言，不要因为对方的地位卑微或文化程度等不如自己便不听取对方的意见。古语说得好："智者千虑，必有一失；愚者千虑，必有一得。"所以，听取别人意见，不要在乎对方身份、学问的高低，只要是合理的意见，我们都要虚心接受。

也许有人会认为，相信自己与听取别人的意见是自相矛盾的。其实不然，它们是辩证统一的关系。相信自己，不是不听别人劝告的我行我素，也不是不切实际地夸大自己的力量，而是站在事实的基础上相信自己；听取别人的意见，并不代表不相信自己，而是从别人的意见中汲取有益于自己的部分，让自己少走一些弯路。

相信自己是成功的前提，而听取别人的意见是走向成功必不可少的条件。所以，我们要相信自己，但不要固执己见，要善于听取别人的意见，但不要亦步亦趋。如此，在人生的十字路口，我们才能不再徘徊，不再迷茫。

当然，善于听取别人的意见，不是一味地盲从，不是不加选择地全部接受，也不是人云亦云。之所以用"善于"，就是在提醒我们，对于他人的意见，要冷静地分析，想想这些意见是否合理、可行，再决定是否采取。

前面提到的"择其善者而从之，其不善者而改之"，这便是对待"他

第五章　男孩就是要有一个宽广的心胸

谏"的正确态度。也就是说，如果别人提出的意见是合理的、可行的，那我们就要虚心接受；反之，我们首先要感谢对方，然后表明自己的立场和看法。在同一件事情上，由于每个人所站的角度不同，接触的面不同，就会有不同的意见，所以我们要学会尊重别人的意见。

记住，在人生的旅途中，你才是掌握未来方向的舵手，所以要坐在舵手的位置上，决定自己何去何从，遇事要多与别人商量，善于听取别人的意见，但是千万不要随波逐流，不要让别人驾驶你的生命之舟。

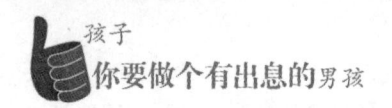

不追求物质上的享受，淡化物质欲望

随着人们生活水平的不断提高，越来越多的男孩开始追求物质上的享受，消费观念趋于成人化、贵族化。

每年开学前，购买各类电子产品的男孩很多，如购买 iPhone 手机、iPad 平板电脑、Sony 掌上游戏机等；过生日的时候，在家里或饭店搞个生日聚会已成平常事；闲暇的时候，去聚会、娱乐，去外地旅游，已成为男孩们之间经常讨论的话题；衣服和鞋子是什么牌子的、家里买的什么车、住多大平方米的房子等，也都要拿来比一比。

一位教育学家曾经说过这样一句话："昂贵的玩具、阔气的穿戴——这是通向严重后果的最初阶梯。"

瑞典发明家诺贝尔曾经说："金钱这东西，只要能够解决本人的生活就行了，若是多了就会成为遏制人才能的祸害。"

有这么严重吗？你可能会认为这是危言耸听，而事实的确就是上面所说的那样。

想想看，我们现在正处于学知识、学做人的最佳年龄段，如果这时候追求物质上的享受，就很容易对吃、穿、住、用、行等各方面有一个较高的要求和追求。如果我们陷入这种物质方面的追求，每天考虑的就是要怎么吃到美食、穿上名牌衣服、得到心爱的玩具，那么还怎么可能有心思学习呢？在这个重要的阶段，如果学习做人、做学问的基础打不好，长大后再想补救，那就比登天还难了。

物质虽然能给我们带来欢愉，但这是一时的，不是永恒的。因为，追求物质享受的人会陷入"追求—得到—欢愉—厌烦—再追求"的恶性循环中，没有一点儿幸福可言，都是痛苦。

不仅如此，如果我们总是能够轻易享受到优越的物质生活，那么我们就很难成为一个自力更生、自强不息的男子汉，这也会摧毁一个人的信念和吃苦的能力。因为，物欲消磨了我们的斗志，让我们变得贪婪、懒惰。那么，等到我们步入社会的时候，会因从小没有受到锻炼和培养而变得一无是处，更可悲的是，这样一个一无是处的人却对生活有着过高的要求，到那时，谁又甘愿为我们提供这一切呢？

由于我们不需要付出就享受到这些丰厚的物质，所以很容易产生一种不劳而获的思想，导致自己没有目标和希望，丧失独立生活的能力，也不懂得珍惜，不知道父母的艰辛，更别提对父母的体谅和感恩了。

其实，在欧美经济发达的国家，青少年是不穿名牌的，一方面，西方的父母对子女的消费都是有严格限制的，甚至零花钱都是自己去挣；另一方面，人们越来越崇尚简单自然的"低碳生活"，这有益于环保，已经成为一种国际潮流。

我们都知道，吃饭七八分饱最有益于健康。同样的，对于物质需求也最好是维持在七八成的样子。对于物质生活，我们只要能满足最基本的需求就可以了。同时，我们也要学会知足，在物质需求上保持一颗平常心。

再来说一下物质欲望。欲望是人类与生俱来的东西，人类所具有的物质欲望是合理的，但是欲望不能无限制地膨胀。因为，欲望是无止境的。如果我们想得到什么就能立即得到什么，长此下去，我们就无法克制自己的欲望。所以，我们要学会淡化物质欲望。

在目前这个信仰匮乏、物欲横流的时代，我们与其追求物质上的享受，不如追求精神境界的提升。

佛教创始人释迦牟尼放弃太子的身份和王宫的安逸生活，离家寻道，过着"日中一食，树下一宿"的生活，虽然居无定所、到处行教、乞食度日，但是每天乐此不疲地讲经学法，无比喜悦。

颜回是孔子的得意门生，孔子曾这样夸赞他："一箪食，一瓢饮，在陋巷，人不堪其忧，回也不改其乐。贤哉，回也！"颜回虽然生活在"一

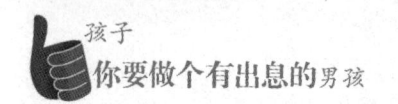

箪食，一瓢饮，在陋巷"的艰苦环境中，但是从不为任何事情担忧，过着极其快乐的生活。

可见，有贤德的人不追求物质上的享受，而是更注重心灵上的富足。即使环境残酷、物质匮乏，他们一样能够在心灵世界中寻得那份安宁与快乐。因为，他们拥有自己的信仰和理想。当然，我们并不是希望男孩们都一下子达到圣人的境界，只是我们要明白，追求精神世界的富足比追求物质上的享受更有意义。

试想，如果我们住着高档别墅，吃着美味佳肴，穿着名牌衣服，却得不到心灵的富足，那么物质方面的追求还有什么意义呢？

所以，我们要注重自身内在的修养，规划自己的人生，树立理想和奋斗的目标，明确今后的努力方向，让自己的精神世界"富"起来，让自己的思想、心灵得到满足和安定，让自己成为精神上的"富翁"。

远离忌妒心理，不要心胸狭隘

忌妒之心，人皆有之，只是每个人忌妒心理的反应程度有所不同。与成人相比，青少年的忌妒心理往往表现得更加强烈、直接。想想小时候，我们看到妈妈抱其他小朋友，就会感到不快，嚷嚷着也要妈妈抱；看到别人那里有自己想要的东西，就会闷闷不乐；如果别人在某方面超过自己，我们的忌妒心理就会油然而生……

可以说，忌妒心理是普遍存在的。如果任其发展下去，我们就会变得心胸狭隘、性格怪异，难以与同学友好相处，从而使自己陷入孤立的境地。久而久之，我们的人格会进一步扭曲，心灵也会受到污染，正如诗人艾青说过的一句话"忌妒——是心灵上的毒瘤"。那么，无论是在学业、社交上，还是在将来的事业、家庭上，都将会遇到意想不到的困难。

忌妒还会影响我们对事物进行客观的认识，容易让我们产生偏见，产生怨天尤人的思想，也无法从比自己强的人身上汲取经验、力量，最终将阻碍自己的发展。如果我们把精力都放在了忌妒别人上，那么很容易消磨斗志。

此外，如果我们长期处于忌妒这种消极的心理体验中，我们就会产生压抑感，变得心情烦躁、抑郁，而这将会降低人体的生理功能，容易引发多种身心疾病，从而造成不同程度的身心损伤。

美国一些专家进行了长达25年的跟踪调查，结果发现：忌妒程度低的人，只有2.3%的人患有心脏病，死亡率仅有2.2%；忌妒程度高的人，有9%以上的人得过心脏病，而死亡率高达13.4%。

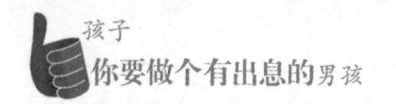

可见，忌妒不仅使人的精神深受折磨，对人的身体也是一种摧残。法国著名作家巴尔扎克曾经说："忌妒者受的痛苦比任何人遭受的痛苦更大，他自己的不幸和别人的幸福都使他痛苦万分。"

可以说，忌妒别人是自寻烦恼、自己折磨自己的不明智做法。不过，这并不可怕，关键在于如何战胜它。想要战胜忌妒，就需要我们把心中的痛苦转化为幸福，用宽广的胸怀去面对人生。

忌妒俗称"红眼病"，是一种普遍但非正常的心理状态，是由于与别人进行比较，发现自己在某一方面或某几方面不如别人，进而产生的失落、不甘心、愤怒、怨恨、羞愧等复杂的情绪。

当我们在忌妒别人的时候，总是把注意力放在别人的优势上，甚至会将自己的劣势与别人的优势比较，无视自己比别人强的地方，也看不到自己的优势，结果越比越自卑，越比越忌妒，不能容忍也害怕别人超过自己。

我们要明白，每个人都有自己的优势和长处，同时也有自己的劣势和不足，追求事事超过别人，样样比别人出色是不现实的，更不能拿着自己的劣势与别人的优势相比。对于别人的优势，不要有忌妒心理，而是要为他高兴、要向他学习。一味地忌妒别人，就是在贬低自己，因为别人的优势不会因你的忌妒而减少，别人的价值依然存在。

要知道，每个人都有比别人强的方面，同时也有不如别人的方面。愚蠢的人，忌人之长，比人之短；而聪明的人，取人之长，补己之短。我们应该全面地认识自己，充分发挥自己的优势，扬长避短，同时也要欣赏、学习别人的优势，以弥补自己的不足，不断完善自我，不断超越自我。

如果需要比较的话，也应该是拿自己的今天与昨天比，看看自己有没有进步。当你这样去做的时候，关注点就会落在如何让自己有所进步上，这种方式非但不会给自己造成太多负担，反而会激发我们的上进心，找到自己努力的方向和目标。

当然，忌妒也不完全是一种消极的心理状态，我们可以把这种心理状态以一种正当的方式表现出来,将忌妒转化为动力。当看到别人比自己强的时候,我们应该以积极的心态迎接挑战,把忌妒变成鞭策自己的强劲动力,奋起直追,让自己活得更精彩。当这样做的时候,你就会发现神奇的变化——你变成了一个更具有吸引力的人。

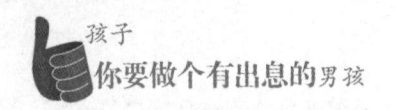

要学着从对方的角度去考虑问题

凡是会下棋的人都有这样的体会：一开始学下棋的时候，往往只考虑自己怎样下好每一步棋，而不考虑对方会怎样应对自己；当棋艺水平到达一定程度的时候，开始慢慢懂得站在对方的角度去思考他会怎样防御自己，他会怎样下好每一步棋。

其实，处理日常生活中的问题也是如此。我们要学着从对方的角度出发去考虑问题，也就是说把自己想象成对方，去体会对方的感受，设身处地地为对方着想，如此能减少很多不必要的矛盾与误解。

从前，一个盲人有个很奇怪的习惯，在夜间出门的时候，他总爱提着一盏灯笼。一开始的时候，人们都感到迷惑不解。终于有一天，一个年轻人忍不住问盲人："大哥，您眼睛看不见东西，提这个灯笼有用吗？"盲人说："有用，有用！我是为了让人们能看到我，以免在黑暗中撞到我。"

中国有句歇后语：瞎子点灯——白费蜡。盲人走路自然不需要提灯笼，但是他提灯笼是为了给别人照亮前行的道路，别人看清了路，走路就不会摔倒，也不会撞到其他人，当然也包括盲人自己。

很多时候，与人方便，就是与己方便；宽容了别人，就是解脱了自己。我们要学着从对方的角度去考虑问题，即换位思考，这是人与人之间的一种心理体验过程，也是一种将心比心的理解。我们一旦学会了换位思考，就能理解对方的想法、做法，就可以减少与人交往中的摩擦，也就可以更好地保护自己了。

然而，很多男孩总是以自我为中心，习惯性地站在自己的角度去

第五章 男孩就是要有一个宽广的心胸

考虑问题，判断事情的对错，猜测别人的感受，却很少从别人的角度去想，也很少顾及别人的感受。他们总是要求别人太多，反思自己太少。

说到底，生活中的任何矛盾、误会，都不是无法解决的，只是缺乏良好的沟通，缺乏必要的理解，因为不能站在对方的角度思考问题，所以才令事态陷入僵局。如果我们能互换一下角色，设身处地地站在对方的角度去重新考虑一下问题，或许就能理解对方为什么会这么做了，那么生活中的误会、冲突、麻烦也就迎刃而解了。如此，生活就会多一分和气，少一分怨气，人与人之间的关系就会更加融洽。

与他人沟通的时候，我们也应该学着从对方的角度和立场去考虑问题，将自己的情感体验、思维方式等与对方联系起来，从而与对方在情感上进行更好的沟通，这为增进彼此之间的理解与信任奠定了基础。

就像汽车大王亨利·福特所说的："假如有什么成功的秘密的话，就是要学会换位思考，了解别人的态度和观点。因为这样不仅能更好地与对方进行沟通，而且可以更清楚地了解对方的思维轨迹，从而有的放矢、击中要害。"

站在不同的位置会看到不同的风景，处在不同的角度会产生不同的观念。而且，不同的成长环境，不同的人生观、价值观，不同的思维方式，使得每个人思考问题的角度都不相同，就如常说的"有一千个读者，就有一千个哈姆雷特"。因此，在与人交往的时候，我们要学会站在对方的角度体会他的情感，问问自己"如果我是他，我会怎么做"，如此，我们能更好地了解对方的想法。

《论语》中有句话："己所不欲，勿施于人。"自己不希望他人那样对待自己，也就不要那样来对待他人。这句话就是在提醒我们，无论是想做什么，还是说什么，都要先换位思考一下，看看自己能不能接受，如果连自己都不能接受的话，就不要强迫他人接受。

当然，换位思考的目的，不只是停留在理解对方的感受上，还要懂得以一颗宽容之心去对待对方。尤其是当对方犯错误的时候，我们不要责怪

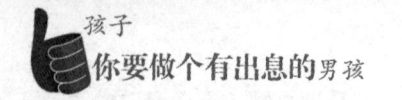

他，而是要换位思考一下，如此或许就能明白他为什么会这么做了，也就更容易体谅他、宽容他。

　　总之，我们能够从对方的角度考虑问题，会更具宽容心与同情心，走到哪里，都会受人欢迎，获得好人缘，赢得一个更和谐、更稳定的人际圈。

◆ 第六章 ◆
学着去理财，懂得如何"保富"

说到理财，好像离我们很远，总觉得这是大人的事。其实不然，我们应该从小就有正确的理财观，从小就知道如何去保有自己的财富，这样长大后才会拥有一个富足的人生。而如果在小时候没有建立正确的理财观念，长大后拥有了金钱后就可能会迷失自己，甚至会挥霍钱财，拿钱财去做不该做的事。所以，我们要尽早学着去理财，学习如何去"保富"。

孩子
你要做个有出息的男孩

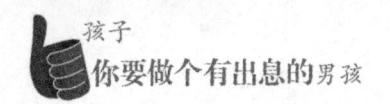

要知道钱是从哪里来的

钱是从哪里来的？回忆一下我们小时候，是否会有这样的猜想，认为钱是从树上长出来的，又或者是，钱是从取款机里吐出来的。

某教育机构曾经对北京、上海、广州等9个城市的450万名6~15岁的少年儿童进行了一项问卷调查，其中有一个问题是"钱是从哪里来的"，调查结果发现，58%的少年儿童认为钱是从爸爸的兜里掏出来的，28%的少年儿童认为钱是银行给的，4%的少年儿童认为钱是售货员给的，只有20%的少年儿童知道钱是工作挣来的。

这样的答案无可厚非，因为，我们只要需要钱就会找父母要，看着父母每次从口袋里或钱包里掏出钱来，或者是从银行里取出钱来，自然会产生错误的认知，也会造成一种假象：钱来得太容易了。

当我们能够轻而易举地得到钱的时候，就会在无意间养成花钱大手大脚、无节制消费等恶习，形成错误的金钱观，根本体会不到父母挣钱的辛苦，甚至还会埋怨父母给的零花钱太少。

尤其是随着银行卡的普及，很多男孩误以为父母的钱是从自动提款机里毫不费劲地取出来的，只要想买东西，一刷卡就OK了，根本不需要付钱，而卡里的钱是永远都用不完的。

其实，银行卡就好比是帮助我们管理钱的钱袋，我们只有先把钱存在钱袋里，然后才可以从自动提款机里取钱，或者是直接刷卡消费，而钱袋里的钱就会相应变少，而不是永远用不完的。

在这个世界上，除了阳光和空气是大自然赐予我们的，其他的一切都需要靠劳动获得。我们的吃、穿、用等，都需要用钱去换取，而金钱是通

第六章 学着去理财，懂得如何"保富"

过辛勤劳动换来的，不付出劳动就不会有金钱，没有金钱就无法在这个社会上生存。

我们花的每一分钱都是父母通过辛苦工作挣来的，是父母付出劳动后的报酬。无论是炎热的夏天，还是寒冷的冬天，即便是刮风下雨，父母也要辛勤工作，因为唯有工作才会获得一定的报酬，才能维持生活。

如果条件允许的话，我们最好能跟着父母上一天班，到父母的工作场所看一看，了解一下父母工作的环境，看看父母每天都在做什么工作。通过这种社会实践，我们能够体验到父母工作的辛苦，也就更能理解和体谅他们，知道父母的每一分钱都是来之不易的，都是用劳动换来的。所以，我们要珍惜每一分钱。

说到这里，突然想起了小时候唱过的"我在马路边捡到一分钱"这首歌，如今，一分钱在流通领域基本消失了，现在很难看到它的踪影，不过，这首歌是在告诉我们，每一分钱都是来之不易的，都是值得珍惜的。

然而，当我们在马路边看到一角钱的硬币，或者是从口袋里掉出一角钱的硬币，可能都懒得捡起来了。因为，在我们看来，一角钱太少了，不值得珍惜。不过，对于长江集团主席李嘉诚来说，却并不是这样。

有一天，李嘉诚在停车场拿车钥匙的时候，一枚两分钱的硬币从口袋里掉了出来，滚到了车轮下面。当他正准备蹲下身子去捡那枚硬币时，旁边一位保安走过来帮他捡了起来。他把硬币放进口袋里，从皮夹里取出100元作为酬谢给保安。

你肯定觉得奇怪，对于一个拥有这么多财富的人来说，李嘉诚为什么还这么在乎那两分钱呢？又为什么要用100元来换那两分钱呢？

后来，有记者向李嘉诚提出了这样的疑问，他是这样说的：如果我不去捡那枚硬币，它就会滚到下水道里，那么这个世界上就没有这两分钱了，它就被浪费掉了。而我给保安100元，不仅是因为他帮我捡起了两分

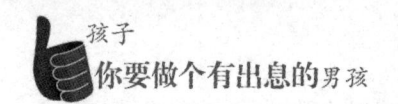

钱，还是因为 100 元到他手中可以用来消费，这不是浪费。

　　李嘉诚不愿意白白浪费金钱，哪怕是两分钱，是因为他知道金钱是从哪里来的，他知道金钱来之不易，所以更应该珍惜。那么，对于目前还没有能力挣钱的我们来说，不是更应该珍惜这来之不易的每一分钱吗？

养成储蓄的好习惯

从理财的角度来讲，储蓄是一种基本的理财方式。所谓储蓄，就是把节省下来的或暂时用不到的钱存入银行。不过，大多数男孩都没有储蓄的习惯，一般都是手里有多少钱就花多少钱，花没了再向父母要。

其实，我们留意一下白手起家的成功人士，就会发现，他们都有一个良好的习惯，那就是储蓄。他们会把辛辛苦苦挣来的钱一点点地积攒起来，一旦遇到创业机遇，这些积攒起来的钱就会成为事业的启动资金，帮助他们踏上创业之路。

美国石油大王约翰·洛克菲勒从小就养成了储蓄的好习惯。7岁那年，他因为卖火鸡赚了一些硬币，他就把赚来的硬币放在储钱盒里，储存得多了，他就把硬币换成了一张张钞票，然后把钞票储存起来。

16岁那年，洛克菲勒开始闯荡商界。一开始，他在一家商行做簿记员，虽然收入不多，但是他仍然会把大部分的钱储蓄起来。19岁那年，他开始做生意，成了一个小有资本的商人。即便如此，储蓄的习惯仍然没有改变。因为，他要为以后的大投资做好准备。

后来，一家炼油厂进行拍卖，洛克菲勒凭借着长期储蓄的金钱，最终获得了这家炼油厂的产权。洛克菲勒就是凭借着这家炼油厂起家，最终成为垄断全美石油业的石油大王。

可见，一个人养成储蓄的好习惯，可能会对以后的事业有很大的推动作用。

千万不要小瞧了储蓄的神奇力量，一开始，我们可能每个月只能储蓄100元，日积月累，一年就是1 200元，十年就是12 000元。如果我们从

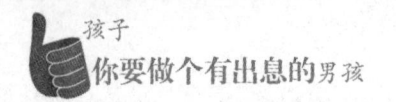

上小学就开始储蓄，那么到了上大学的时候，几乎就不用父母来付学费了。这么一想，是不是觉得很有成就感呢？那么，就从现在开始储蓄吧！

储蓄罐是储蓄的必备工具。我们最好是给自己买三个储蓄罐，第一个储蓄罐的钱用于日常开销，如购买学习用品、生活必需品等；第二个储蓄罐的钱用于短期储蓄，以备不时之需，或者是买一些比较贵重的东西；第三个储蓄罐的钱用于长期储蓄，积累多了，就把钱存到银行里。

说到这里，我们需要到银行开设一个储蓄账户。而这需要父母的帮助，我们要在父母的带领下到银行开户，并学习一些基本的银行储蓄知识，比如，银行储蓄的方法、种类、利率等，存款和取款的程序，等等，为将来的独立储蓄奠定基础。当拿到人生的第一张银行卡时，我们会突然感觉自己长大了，也会非常珍惜这次机会，督促自己养成储蓄的习惯。

无论是储蓄罐，还是银行储蓄账户，我们要时刻关注储蓄情况，看到里面的钱越来越多，就能体验到"积少成多"的乐趣，会很有成就感，而储蓄的意愿也会越发强烈。

不过，有的男孩看到储蓄的钱越来越多，就舍不得花了，会把钱攥得紧紧的，该花钱的时候也不花。这就又走向了一个极端，我们之所以储蓄，是为了不乱花钱，为了将来用钱的时候能够更方便，而不是死守着钱不花。

为了养成储蓄的好习惯，我们还可以制订具体的储蓄计划。我们可以根据平日的花销，计算出每天或每周可以节省多少钱，然后把这些钱存起来，也可以先确定一个具体的储蓄目标，如攒钱买篮球、自行车等，然后制订储蓄计划，规划一下实现这个储蓄目标大约需要多长时间，每天或每周要储蓄多少钱。

当我们通过储蓄实现自己的目标时，就会认识到储蓄的意义，体会到储蓄的乐趣。而且，与从父母那里要钱购买的物品相比，我们会更加爱护和珍惜通过自己的努力而购买的物品。

学会理性消费，不被各种广告诱惑

消费，是一个人通过消费品满足自身基本需求的一种经济行为。随着人们生活水平的不断提高，以及部分舆论的不正当引导，越来越多的男孩存在盲目消费、高消费的现象，身上有钱就想花，看上的东西就要立即买，这种消费偏离了满足自身基本需求的目标，形成了一种不正确的消费观。

尤其是随着各种广告纷至沓来，面对强势的广告宣传，面对打折、限时抢购、秒杀、消费满多少再送多少等，我们很容易就招架不住这样的诱惑，凭一时冲动，出现盲目消费、消费超过预算等情况，买回来的东西虽然价格低廉，却是可有可无的东西，因此花了不少冤枉钱。

我们如果追求高消费，讲究享受，精力自然易于分散，就很难把心思放在学业上，这样肯定会影响学习和生活。在不良消费的过程中，我们花费的是金钱，丢掉的却是对父母的那份体恤。古往今来，那些追求高消费的富家子弟，往往贪图享受、萎靡不振，最终成为"纨绔子弟"。所以，我们不要被各种广告诱惑，而是要树立正确的消费观，学会理性消费。

一般来说，消费分为三类：生存型消费，是用于满足基本生存需要的消费，主要是在吃、穿、住等方面的消费；发展型消费，是为了寻求更好地发展而产生的消费需求，如为了丰富学识而花在上学、买书、接受教育方面的钱；享乐型消费，是用于自身享受的消费，如购买昂贵的衣物、娱乐用品等。

现阶段，我们的消费应该集中在生存性消费和发展性消费，而非享乐性消费上。在消费的时候，要注意分清"需要的东西"和"想要的东西"，

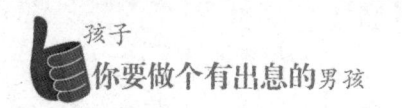

不是想买什么就买什么，而是先买自己真正需要的东西，对于暂时不需要而自己想要的东西，我们就要根据手中的金钱数额适当购买。

在各种广告的诱惑下，保持理性消费才是最重要的，也就是按照自己的需要去消费，而不是在广告的诱惑下被动地消费。消费要建立在商品的品质上，而不要盲目相信广告的宣传。东西买够了，消费券还没有用完，该舍弃的时候就要舍弃，或者是与他人搭伙购物，这样既能以优惠价买到所需的东西，又避免了不必要的消费。

在购物的时候，我们由于缺乏自制力，有时很难控制消费的欲望。对此，在购物前，最好先列一份清单，列出自己所需的物品，以及预计的花费。购物的时候，要捂紧自己的钱包，按照事先拟定好的清单购买物品，不要超出自己的预算。

由于我们本身没有任何收入来源，所需的金钱都是从父母那里得来的，如果我们在消费的时候不顾家庭实际，花钱大手大脚，过度消费，就会给父母造成负担，也就失去了父母辛苦工作供养我们读书的目的和意义。所以，我们要适当了解家庭的财政情况和承受消费的能力，根据家庭的实际情况量力消费，自觉抵制不良诱惑，切实做到理性消费、适度消费、合理消费。

除此之外，我们还要学会一些消费技巧，让每一笔钱都花得物有所值。比如，购物的时候，要懂得"货比三家"，多对同类商品进行比较，尽量选择质优价廉、性价比高的商品；使用消费券，花尽可能少的钱买到最合适的商品，从而使钱发挥最大的效用。

对于一些爱面子的男孩子来说，可能会觉得这样很小气、抠门。其实不然，这不是抠门或吝啬的表现，恰恰是会理财的表现，同时也反映了一个人是否有正确的消费观念。当然，我们不要因贪图便宜购买一些用不到的商品，也不要为了节省钱而购买质量没有保证的商品。劣质商品往往会出现这样或那样的问题，反而是对金钱的一种浪费。

当然，我们还可以换个角度去消费，把钱用在有意义的地方，让消费变得有意义。我们可以从物质方面的消费转移到精神方面的消费上，比如，购买一些启发心灵的书籍；还可以从自身消费转移到为他人消费上，比如，参加一些公益活动，给贫困山区的孩子捐款捐物。如此，高尚的品德就会不知不觉地渗透到我们的血液中，同时也能让消费发挥出它的积极作用。

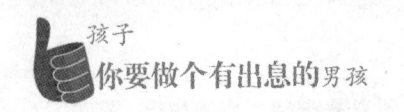

压岁钱，要花得有意义

恭喜发财，红包拿来。一到春节，我们的小口袋就会被长辈给的压岁钱塞得鼓鼓囊囊的，少则几百元，多的能达到数千元甚至上万元。在春节期间，有的男孩摇身一变，成了"小富翁"。

那么，你知道压岁钱的由来吗？

压岁钱的历史可谓悠久，是过年的一种习俗。

传说，在古时候，有一个叫"祟"的小妖，每年的年三十夜里出来害人，它用手在熟睡的孩子头上摸三下，孩子就会吓得哭起来，然后发烧生病。人们害怕"祟"来伤害自己的孩子，就用彩绳穿钱币置于枕头下面或床脚上，以"压祟除邪"，故称之为"压祟钱"。又因为"祟"和"岁"谐音，随着岁月的流逝，演变成了"压岁钱"。

压岁钱，寓意辟邪驱鬼，保佑平安。长辈给晚辈压岁钱，是希望用压岁钱压住邪祟，让得到压岁钱的晚辈平平安安地度过这一年。

然而，随着时代的变迁，随着经济条件越来越好，压岁钱也逐渐丢失了其最珍贵的传统寓意，大人们拼面子发压岁钱，孩子们也开始比谁得到的压岁钱多，甚至会嫌弃有的长辈给的压岁钱太少。这都偏离了压岁钱的本质。

我们应该回归压岁钱的本质，明白压岁钱的真实意义，长辈给你压岁钱，是对你的一种关心、爱护和祝福，是希望你可以平安、健康地成长，你能够合理利用压岁钱，把压岁钱花得更有意义，这才是长辈希望看到的。所以，我们不要只顾及压岁钱数额的大小，而是要珍视长辈的祝福，生起对长辈的恭敬心、感恩心。

第六章　学着去理财，懂得如何"保富"

那么，我们要怎样把压岁钱花得有意义呢？

对此，我们要合理规划一下自己的压岁钱。比如，拿一部分压岁钱用于购买学习用品、生活用品等；把一部分压岁钱用来交辅导班、兴趣班的学费；用压岁钱给爷爷奶奶、外公外婆等长辈购买新年礼物，或者是等长辈过生日的时候购买生日礼物，以表达自己的孝心，增进与长辈的感情。

同时，我们也可以把这些钱用来理财。最简单的方式，就是开设一个独立的银行账户，采用"零存整取"的方式，把自己的压岁钱存入银行，平时也可以把剩余的零花钱存起来。如果各方面条件允许的话，我们还可以在父母的指导下，尝试着用压岁钱做投资，如购买教育保险、基金定投，为将来上大学储蓄资金。

此外，我们还可以用这份充满爱的压岁钱做一些公益活动，比如，捐款给希望工程或慈善事业，捐助那些贫困山区的失学儿童等；还可以买一些礼物，送给孤儿院的孩子和敬老院的孤寡老人。

据媒体报道，2014年10月31日，上海3名中小学生来到上海市慈善基金会，共同捐出了积攒了十多年的50万元压岁钱，用于设立上海市慈善基金会"青春之光爱心专项基金"，资助特困家庭的中小学生、自闭症患儿，以及患有视、听等障碍的特殊儿童。

我们要为这3名中小学生的行为鼓掌，也要向他们学习，为慈善事业添一份力。也许有人问，是不是只有有钱人才能做慈善？当然不是，慈善之心是不分贫富的，是无法以金钱的数量来衡量的。慈善不在于捐助的多少，而在于献出的那份善心。在慈善的天平上，1元的慈善和100万元的慈善同样高贵，同样值得尊敬。作为普通人，我们哪怕每次捐出几十元，积少成多，善心也会从涓涓细流汇成大江大河。

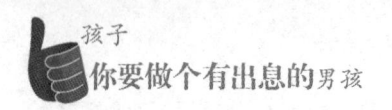

不要在他人面前炫耀自己的财富

炫耀财富，即炫富，"炫富"这个词是 2007 年 8 月教育部所公布的 171 个汉语新词之一。这是一个新兴的词汇，但与此同时，这也是一种普遍存在的现象。一些人受到金钱、物质的冲击，更注重面子、讲排场、互相攀比、炫耀财富，甚至以充阔气为荣。

一位学者曾发出了这样的言论："这是一个炫富的时代！"不知从何时起，炫富的不良风气已经悄无声息地渗透到青少年的思想中。

据英国《每日邮报》2014 年 7 月 1 日报道，在社交网站 Facebook 上，一个名为"富孩子"的页面引发网络热议，该页面的创建者是一个 17 岁男孩，他除了炫耀自己的富豪生活之外，还邀请其他富豪青少年加入"炫富之旅"，在该网页上大晒自己的奢华生活，比如，乘坐专机上学，iPhone 等产品被用于垫椅子，用 iPad 切巧克力蛋糕，等等。

这些青少年高调炫耀自己的财富，情节令人咂舌。在我们身边，也许没有这样高调炫富的现象，但是有的男孩为了面子，向他人炫耀父母多有钱，开什么牌子的车，穿什么品牌的衣服，谁的生日宴更隆重，谁得到的礼物更昂贵；有的男孩毫不吝惜父母的钱财，大把大把地任意挥霍，盲目追求高消费，疯狂地迷恋奢侈品；还有的男孩盲目攀比，要求父母必须开豪车接送自己，非宝马、奔驰不坐；要求父母必须给自己买名牌衣服，非阿迪达斯、耐克不穿……

说到这儿，还有一个新闻报道：

一个小学生闹情绪不愿意去学校，原因是他曾在同学面前炫耀家里的财富，说爸爸今天会开着越野车送他上学，没想到，爸爸临时有事外出，不能开越野车送他上学，他就待在家里不肯上学；妈妈说打车送他上学，可他却来了一句"出租车也不是好车，我就不坐"。后来，在妈妈的劝说下，他坐着舅舅的普通小轿车上学了，到了学校，他遭到了同学的嘲讽，感到非常愤怒，并承诺"下次一定让你们见识一下我爸的越野车"。

你是否觉得很好笑呢？不过，我们更应该反思一下，自己是否也存在这种炫富心理呢？要知道，在炫富心理的驱使下，我们会形成错误的价值观、消费观，会变得势利、嫌贫爱富，甚至会形成"一切向钱看"的错误的价值取向，而这将会给我们的成长带来很多阻力。

我们的炫富可能就是一种很简单的心理，认为"我家有钱，所有人就会羡慕我，愿意听我的话"，这其实是一种虚荣心。不过，在某些居心叵测的人看来，我们的炫富却变成了一个他们可以从中捞钱的大好时机。

一些男孩没有安全意识，会有意或无意地在陌生人面前炫耀自己的财富，这样很容易成为不法分子下手的"目标"。还有一些家庭富裕的男孩，虽然不是有意炫富，但是他穿戴奢华，手拿高档手机，还有豪车接送，就会给人留下家庭富有的印象，也可能会引起不法分子的注意。

所以，不管家庭条件多好，都不要在他人面前炫耀自己的财富，更不要在陌生人面前炫富，也不要向陌生人透露家庭的经济情况、父母的职位、家庭住址等信息，以防被不法分子利用。还有，无论穿着，还是做事，都要低调，并提高安全意识，学会保护自己。

除此之外，我们还要建立正确的贫富观，以一颗平常心面对社会上存在的贫富差距。不管家庭条件如何，都不要有嫌贫爱富的心理，要用长远的眼光审视贫富差距，要知道，暂时的贫富并不能代表什么，只要努力学习、勤奋劳作，我们照样可以创造很多财富。

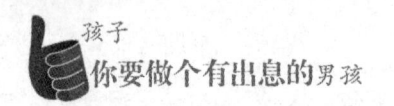

制订合理的支出计划

无论做什么事情，都应该制订一个合理可行的计划，这不仅是一种做事的态度，也是一种良好的习惯。一个合理的计划，是一个人能否把事做好的关键因素之一。同样的道理，一个合理的支出计划，是一个人能否合理消费的关键因素之一。

一般来说，我们手里的零花钱越来越多，花钱的欲望也就越来越强。很多时候，自己身上有钱就想花，有多少钱就花多少钱，想买什么就买什么，花钱大手大脚，不计后果，很少考虑这个东西我们是否真的需要，结果买回来的东西很多都是用不着的。

这是一种不良的消费倾向，一定不要掉以轻心，否则将助长不良的消费行为。要知道，理财必须从日常开支着手。而处理这个问题的最好方法就是学会制订合理的支出计划。如此，我们才有可能学会合理消费，才能养成良好的理财习惯。

那么，我们要先制定一个支出原则，比如，每周或每月固定某一天去购物，而不是盲目购物；在购物之前，一定要制订一个支出计划，列出需要购买的物品，做一个合理的预算；购物过程中，只能购买列在计划之中的物品；等等。接下来，我们就可以根据这个支出原则制订相应的支出计划了。

首先，我们要在支出计划中列明需要购买的物品，做到心中有数，而不是盲目冲动地去消费。我们可以把支出按项目分一下类，如学习类、生活类、其他类等，计算各项支出在总支出中所占的比重。

制订支出计划的时候，要分清什么是"需要"的，什么是"想要"

的，优先购买自己"需要"的物品，至于"想要"的物品，则要经过仔细考虑之后再做决定。同时，还可以根据"消费性支出"和"投资性支出"来划分自己的支出，消费性支出是指用在零食、学习用品、娱乐方面的支出，投资性支出是用在买书、上补习班等对未来具有投资效果的支出。

然后，我们要做一个预算，大概估计一下一共需要花多少钱，再看看估算的钱有没有超出手中的零花钱，如果超出，就要看看有没有暂时不需要购买的物品，或者是看看家里有没有可以替代的物品，再根据实际情况进行调整，以确保不超出自己的支付能力。

在购物的过程中，我们要根据这个支出计划来购买，只能购买列在支出计划中的物品，不在支出计划中的物品原则上是一律不买，如果是非常需要的，只是在制订支出计划的时候漏掉了，那就购买，当然也要注意不要超出自己的支付能力。

购物回来之后，要先记录一下自己的支出情况，然后对照支出计划，看看自己有没有按照支出计划购物，有没有购买计划之外的物品，有没有超支，从中可以看出自己的消费是否合理。

此外，我们还可以分析一下支出计划和支出情况，看看哪些是可有可无的支出，哪些是可以控制的支出。下次制订支出计划的时候，就会更深入地考虑支出是否合理，是否可以更加节省一些。这样一来，制订的支出计划就会更合理、更科学。

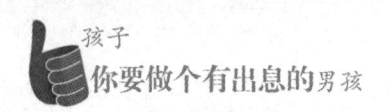

不妨试着去做一下收支记录

俗话说："挣钱如针挑土，花钱如水冲沙。"这话没错。我们现在虽然还无法体会到挣钱的不易，但是花起钱来却毫无节制，花钱如流水，有多少花多少，一个月下来基本上是收支相抵，无结余，变成了典型的"月光族"，更有甚者陷入了负债累累的窘境。而他们基本上不知道零花钱都花到哪里去了，如果让他们大概算一下一个月的花销，他们就会被算出的数额惊呆，感叹自己怎么能花这么多钱呢！

我们是否也存在这种情况呢？如果是那样的话，最好的解决办法就是试着去做一下收支记录，也就是记账，正所谓"好记性比不上烂笔头"。

提起美国洛克菲勒家族，可以用"家喻户晓，妇孺皆知"来形容。洛克菲勒是世界上第一位拥有10亿美元财富的富翁，但是他对孩子却非常"吝啬"。他给每个孩子一个小账本，上面印着"7岁至8岁每周30美分；11岁至12岁每周1美元；12岁以上每周3美元"。

洛克菲勒要求孩子们在睡前必须记录当天的开销，无论是买玩具，还是买文具，都要如实地一一记录。到了领零花钱的时候，就要把小账本交给他审查。如果账本记录得清楚、真实，零花钱用得合理，他就会奖赏给孩子5美分，反之则减。

我们要借鉴这个记账的方法，每天的开支无论是大是小，都一一记下来。这样一来，就能清楚地了解自己一段时间内各项收入和支出的详细情况，可以做到心中有数。同时，还可以根据收支记录，具体分析各项支出是否合理，进而不断调整自己的消费情况，这样做可以控制自己不合理的消费行为，以防止出现超支的情况。这样在花钱的时候，我们就会精打细算一下。慢慢地，我们管理金钱、支配金钱的能力也会随之增强。

那么，我们不妨试着去做一下收支记录吧！

给自己准备一个记账本。

在记账之前，我们要先准备一个记账本，最好是挑选一种可以随身携带的记账本，以便随时都可以记录零花钱的收支情况。

购物时索要发票。

索要购物发票是记账的首要工作。所以，在平日消费的时候，应该养成索要发票的习惯。一般商场超市的发票都有消费时间、品名、金额等，不过，有的地方开的发票内容可能不全，如没有消费时间，最好可以加注一下，这样更利于记账。

学习做收支记录的方法。

做收支记录，最重要的就是知道需要记录什么内容，应该如何记录。一般来说，收支记录包括两方面内容，一是收入，二是支出。

在"收入"这项内容中，可以分为"时间""来源"和"金额"三项，详细记录每一笔零花钱是什么时候得到的，是如何得到的，具体得到了多少钱。比如，"时间"一项：2014年12月1日；"来源"一项：上月结余；"金额"一项：130元。

在"支出"这项内容中，可以分为"时间""用途"和"金额"三项，详细记录每一笔零花钱是什么时候花掉的，是如何花掉的，具体花了多少钱。比如，"时间"一项：2014年12月2日；"用途"一项：早饭；"金额"一项：5元。

需要注意的是，收支记录必须详细，每一笔账都清楚地记录下来，哪怕是只花了1元，也要记录下来。还有，我们最好是把购物发票贴在记账本上，以方便日后随时查看，清楚地知道每笔零花钱的具体流向。

定期总结收支记录的情况。

每隔一星期或一个月，我们就要抽出一定的时间，总结一下收支记录的情况。首先，要看一看收入与支出是有盈余的，是平衡的，还是赤字

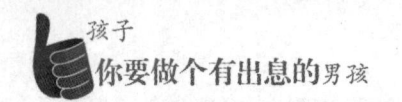

的。其次，要对收入和开支做出分析，了解哪些支出是必需的，哪些支出是可有可无的，哪些支出是不合理的，如果出现赤字还要分析出现赤字的原因，从而改正不正确的消费行为，更合理地安排支出。这样一来，我们下次花钱的时候心里就有谱了。

对于不合理的支出项目，最好是用不同颜色的笔标记出来，这样做可以起到一个警示作用，提醒我们要谨慎地对待每一笔支出，以便应用在日后的零花钱管理中。同时，我们还要争取每周或每月都有盈余，并把剩余的零花钱储蓄起来。

第六章 学着去理财，懂得如何"保富"

有机会去体验赚钱的辛苦

一说赚钱，你可能会认为，这是大人的事情，我们现在的主要任务是学习，应该把时间和精力都放在学业上，如果过早地学习赚钱，可能会耽误学业。没错，我们现在还是一名学生，应该把大部分时间和精力放在学业上，不过，我们也应该创造一些机会，去体验赚钱的辛苦，学会更理智地对待金钱，慢慢提高自身的理财能力。

有谁见过5岁的生意人？不要以为这是在博眼球，这是个事实，这个5岁的生意人就是后来成为全球著名投资商的沃伦·巴菲特。

巴菲特5岁的时候，看到父母每天为生计犯愁，便产生了一个愿望：成为一个非常富有的人。随后，他做起了人生的第一笔生意，卖口香糖。

巴菲特先到杂货店进货，一次进20包口香糖，每包的批发价是3美分。一位阿姨送给他一个小托盘，上面隔成了5个区域，他就把5种不同口味的口香糖摆放在托盘上。每天傍晚时分，他写完作业、吃完饭，就会背上小书包，端着小托盘，开始挨家挨户地推销口香糖。每卖出一包口香糖，他就能收入5美分，净赚2美分。

有一天，有人买口香糖，说道："小家伙，我要买一片水果口味的口香糖。"

巴菲特说："对不起，我不能拆开零卖。"

"你一包只卖5美分，而一包有6片，我用1美分买一片，那你一包就可以卖6美分，这样不就能多赚1美分了吗？"

"你算得对，不过，如果我拆开卖给你1片之后，剩下的5片没人要的话，我该怎么办呢？"

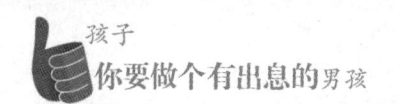

巴菲特虽然很想卖掉口香糖，但是他很清楚，拆开一包看似多赚了1美分，但是却存在剩下的5片卖不出去的风险，即使有人愿意买那5片口香糖，也必须跑5家才能卖完，而跑同样的路，本来能卖掉6包赚到12美分，现在却只能卖1包赚3美分，这样不划算。

通过卖口香糖，巴菲特掘到了人生的第一桶金。不过，他并没有把赚到的钱用来消费，而是把钱储蓄起来，开始积累财富。

很少有人会在懵懂无知的年纪抱有巨大的财富梦想，并对赚钱抱有坚定的信念，而5岁的巴菲特做到了。难得的是，他很有做生意的头脑，赚到的钱不是为了消费，而是为了积累财富。同时，他也不贪恋金钱，这从他的遗嘱中就可以得到印证，他将把个人财产的99%都捐给慈善机构。

我们应该向巴菲特学习，寻找机会去体验赚钱的辛苦，同时又不乱花钱，也不贪恋金钱。有了这样的体验，我们既能明白"天下没有免费的午餐"、"劳动创造财富"的道理，也能体会到赚钱的辛苦和不易。同时，这也能丰富自己的社会经验，提高各方面的能力。那么，我们又何乐而不为呢？

我们可以利用节假日或寒暑假的时间，走出家门去寻找一些临时工作，可以去快餐店、超市、花店、药店等场所做零工、小时工、暑期工等，比如，发宣传单、装卸货物、推销一些商品，等等。

一开始的时候，由于我们对社会的认知尚浅，社会经验不丰富，所以在外寻找临时工作的时候，最好不要一个人去，而是让父母陪着我们一起去找适合自己的工作。随着年龄的不断增长，社会经验的不断丰富，以后我们可以自己单独去找工作，不过，一定要去一些有安全保障的用人单位，不要去网吧、KTV歌厅、酒吧、台球厅等娱乐场所打工，也不要从事劳动强度较大、较危险的工作。

有的男孩的父母是做生意的，可能开公司、工厂，也可能开一般的店铺，那么，我们就可以利用节假日的时间，去自家公司、工厂或店里做些事情，如整理货物、装卸货物、打扫卫生、看店卖货、送货等，锻炼自己的能力。

此外，我们也可以像巴菲特一样，做一些小生意。比如，节假日，尤其是暑假或十一黄金周的时候，在人流量比较大的地方，如公园、旅游景点、汽车站、购物中心等，摆个小摊，卖矿泉水、课外书、玩具等，但一定要遵守当地的法规，因为有的地方是不允许在某些公共场所摆摊的。

还有，在一些特别的节日里，人们总会买一些礼物送给身边人，像母亲节的时候，很多人会买康乃馨送给亲爱的妈妈；像平安夜的时候，很多人会买一个象征"平安"的苹果送给家人朋友。那么，我们就可以抓住这样的商机，当节日到来的时候，批发一些康乃馨、苹果等，到商场或超市门口去卖。

我们有机会去体验赚钱的辛苦是一件好事，不过凡事都要掌握一个"度"，我们不能因为体验赚钱的辛苦而影响学习，影响与家人相处及一些社交活动，那样就得不偿失了。要知道，我们的主要任务是学习，我们之所以出去打短工，是为了体验赚钱的辛苦，是为了丰富社会经验，而不是为了赚钱。

孩子
你要做个有出息的男孩

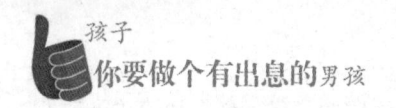

学习"保有财富"的真谛

常言道:"赚钱容易守财难。""创业容易守业难。"获得财富可能会相对容易一些,但是保有财富却要比获得财富难得多。古今中外的大量家族兴衰史也表明:不管一个家族通过什么途径发家致富,能够保持富裕状态的时间却很少有超过三代的。于是,有人总结出一条定律——富不过三代。

事实果真如此吗?

有报道称,自改革开放以来,中国民营企业家已经超过了300万人,但是由于找不到合格的接班人,95%以上的民营企业家摆脱不了"富不过三代"的宿命;

在美国的家族企业中,30%可以承传到第二代,12%可以承传到第三代,只有3%可以承传到第四代及四代之后;

德国用"创造,继承,毁灭"三个词来代表三代人的命运;

葡萄牙有"富裕农民,贵族儿子,穷孙子"的说法;

……

为什么这么多家族都打不破"富不过三代"的定律呢?究其原因,是他们不懂得保有财富的真谛。

有人可能会想,如果我们把挣来的钱储蓄起来不用,是不是就能保住财富了呢?这可不一定。下面这个真实的故事就能证明这一点。

20世纪初,江西一个姓周的盐商,有数百万银元的财富。有一次,湖南发生灾荒,官府向他和其他盐商劝募捐款,他的朋友就代他捐了500银元。对他而言,这点钱不值一提,不过是九牛一毛。但是,当他得知这个

第六章 学着去理财，懂得如何"保富"

消息之后，大发雷霆，埋怨朋友擅自做主，还嫌朋友捐得太多。

后来，有一个人问他："你保有财富的办法是什么？"他说："没有别的法子，只是积而不用。"

他去世后，遗产有3 000万银元，子孙10房，但都分了家。可没想到，他去世后不过十几年，家产就被子孙败光了。

这位商人虽然拥有很多财富，但是他悭吝之极，得知有饥荒，却不肯多出钱救济。他认为，钱财只要积而不用就可以保住。殊不知，家产都被子孙败光了。

古人常把钱财比喻成水，因为水是流动的，而只有流动的水才能保持清澈，所以钱财应该流动起来，这样才能像活水一样源源不断，取之不尽，用之不竭。如果把钱财占为己有，就会变成一潭死水，将来就会发臭。

所以，我们不要把钱财占为己有，而是要用在有意义的地方。就目前来说，我们可以把零花钱捐给慈善机构，帮助那些生活有困难的人，帮助那些失学儿童；也可以把衣物、图书、文具等捐给贫困山区或灾区的孩子。

总之，我们要想让财富更长久地传下去，要想成为一个真正的富贵之人，就要懂得保有财富的真谛。

我们都知道清末名臣曾国藩，他的外孙聂云台是著名的实业家，经营金融、机械制造、电力、商业等一系列企业，取得了巨大成就。他亲眼看见了很多显赫家族的没落，也看到了很多豪门一夜暴富而后家道败落，有感于社会风气奢靡不正，便结合一生的见闻，融合历史经验和教训，写了《保富法》一书。

在这本书中，聂云台深刻阐明了保有财富的真理，劝告人们要懂得散财，懂得修福，懂得修善。聂云台认为，只有"深信因果，培福开源，懂得惜福，爱惜福报，行善积德，放远见识，宽大心量"，才是保福保富的最佳途径。

一提到"因果"，可能很多人都会认为这是封建迷信。其实不然，我们小学数学课本上就有∵（因为）和∴（所以）的符号，这就是最简单的"因果"表述。而这里所提到的"深信因果"，就是相信有因果，就像我们常说的"善有善报，恶有恶报"，做好事终究有好的回报，做坏事终究会有坏的报应。这就是在劝告我们要多做好事，懂得积善、积福。如果一个人不信因果，那么他就会肆无忌惮，甚至会失去道德底线，如此又何谈保有财富呢？

总之，我们要懂得保有财富的真谛，要怀有一颗仁善之心，广为布施，多做善事，不要存有一颗"独富之心"。

第七章
身心健康才能走更远的路

何谓健康？世界卫生组织对健康的定义是：身体上、心理上及对社会适应方面的良好状态。这就是在告诉我们，不仅要有健康的身体，还要有健康的心理。所以，在平日里，我们就要在生活中一点一点地储存健康。只有身心都健康了，我们才能走更远的路。

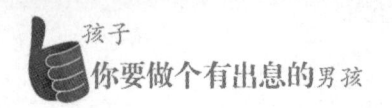

健康饮食，不再挑食、偏食

俗话说："民以食为天。""身体是革命的本钱。"这些无不说明饮食健康的重要性。对于我们而言，健康的身体不仅是学习的本钱，更是生活的本钱。而食物是身体的能量来源，只有合理饮食，身体才能健康。

随着人们生活质量的不断提高，越来越丰富的食品成为日常餐桌上的"常客"，与此同时也出现了挑食、偏食的情况，比如，有的男孩只吃非常有限的几种食物，饮食种类比较单一；有的男孩只喜欢吃肉，不喜欢吃蔬菜、五谷杂粮；有的男孩爱喝碳酸饮料，不爱喝白开水……长此以往，会造成营养失衡，严重破坏身体机能，导致抵抗力变差，进而影响身体健康。所以我们必须健康饮食。

要想做到健康饮食，我们就必须从心底克服自己对食物的挑剔与贪欲，不再挑食、偏食，也不要多食。正如《弟子规》所说的："对饮食，勿拣择。食适可，勿过则。"

由于不同食物所含营养元素的种类和数量是不同的，没有一种食物能够供给人体所需的所有营养元素。我们对营养元素的需求是多种多样的，营养不在于多，而在于全面、均衡。只有全面而均衡的膳食营养，才能维持人体的健康。

所谓营养全面，就是说，我们的饮食必须多样化，才能吸取人体所需的各种营养元素。《黄帝内经·素问》中提出了"五谷为养，五果为助，五畜为益，五菜为充，气味合而服之，以补精益气"的饮食调养的原则。

即我们要以粳米、小豆、麦、大豆、黄黍等谷物和豆类作为养育人体的主食。这些主食含有丰富的碳水化合物、蛋白质、脂肪等，而我们的饮食习惯是以碳水化合物作为热能的主要来源，生长发育的自身修补主要依靠蛋白质。

平时还要多吃枣、李、杏、栗、桃等水果，有助于养身和健身。水果富含维生素、纤维素、糖类、有机酸等物质，是平衡饮食中不可缺少的辅助食品。

而蔬菜中含有多种维生素、矿物质以及相关的植物化学物质，不仅是低糖、低盐、低脂的健康食物，还能有效减轻环境污染对人体的损害，对各种疾病起到预防作用。

在日常饮食中，我们要摄取富含不同营养元素的食物，如五谷杂粮、蔬菜水果，但是要尽量选择应季的食物。

所谓营养均衡，也就是说，我们应该按比例摄入各种食物，并注意同组食物之间的搭配，不要爱吃的多吃、不爱吃的少吃。因为，人体对各类营养元素都有一个量的要求，摄入多了或少了都不行，会破坏营养元素的平衡。

在饮食上，我们要注意荤素搭配，荤食呈酸性，素食呈碱性，将这两类食物搭配在一起，便可维持酸碱平衡。不过，我们最好以素食为主，荤食为辅，因为这样既能保证吸收大量的营养元素，又能防止因过多食用荤食而引起肠胃不适等病症。

由于不同蔬菜含有不同的成分，为了获得比较全面、均衡的营养，促进营养元素的吸收和利用，就要科学、合理地搭配不同的蔬菜，既可以根据颜色搭配，如白色的菜花、绿色的青菜、红色的西红柿、紫色的茄子、黄色的南瓜等，还可以根据蔬菜中富含的营养元素搭配，比如，毛豆和葱搭配起来食用，可以使毛豆中富含的维生素 B_1 功效提高 10 倍以上；青豆和胡萝卜搭配起来食用，可以互相补充营养物质。

有了这样科学、合理的营养搭配，在日常饮食中还要坚持"早餐要吃好，午餐要吃饱，晚餐要吃少"的总原则，三餐饥饱适度，不要不吃早餐，也不要多吃晚餐，否则会损害肠道的正常消化功能。

还有一点，要按时用餐，不要在餐前吃零食，否则会影响正餐时摄入

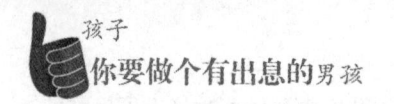

食物的数量，而且，一些零食中含有较高的热量和对身体无益的添加剂，这会对身体和智力发育造成不好的影响。

当然，我们可以选择口味相近的健康食品代替零食，比如，用海苔代替薯片，用杂粮饼干代替奶油、巧克力饼干，用坚果代替糖果，用果汁、蔬菜汁代替饮料。如此，既满足了我们的食欲，又补充了一些能量和营养元素。不过，我们不要在饭前吃，也不要吃太多，不然会影响正餐食欲。

总之，我们要科学而合理地安排饮食，不挑食，不偏食，养成全面、均衡的饮食习惯，让健康饮食伴随我们成长。

经常到户外做运动

俗话说："生命在于运动。"适当地运动有利于人体骨骼和肌肉的生长，让人保持旺盛的活力，能带给人健康强壮的体魄。如果缺少了运动，缺少了应有的锻炼，吃再多有营养的食物，身体也不会健康，反而会得一些"富贵病"。

如今，我们变得越来越懒惰，出门就坐车，不愿意多走路；上楼就乘电梯，不愿意走楼梯，更别提到户外做运动了。这样下去，我们又怎会有一个健康强壮的身体呢？

苏联著名教育实践家苏霍姆林斯基认为："孩子的精神生活、世界观、智力发展、知识的巩固性、对自己力量的信心，都取决于他生命的活力和精力的充沛程度。"他通过长达20多年的调查研究发现：学习落后和留级的学生，有85%并不是智力缺陷或是思想迟钝，而是因为身体虚弱、健康状态不佳。

这是有一定道理的。通过户外运动，我们的血液循环会加快，可以改善大脑皮层神经系统的均衡性，从而使我们变得头脑清醒、耳聪目明，记忆力、感知能力、观察能力、思维能力等也会有明显提升，那么提高学习成绩就不在话下了。

此外，运动对良好性情的培养也是非常有利的。科学研究证明，在运动的过程中，人体会分泌一种叫内啡肽的物质，有的科学家称之为"快乐素"。可见，运动可以让人变得快乐，忘却烦恼。

可以说，运动对我们的身体、学习、生活、意志品质等方面都大有裨益。那么，我们就要经常到户外做运动。

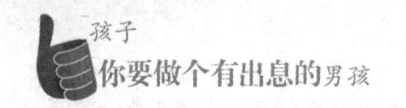

至于选择何种户外运动项目，我们可以根据年龄、身体素质等来选择。一般来说，男孩子比较喜欢带有对抗性、刺激性、爆发力的运动项目，如跑步、游泳、乒乓球、羽毛球、足球、篮球、滑冰、爬山等。

同时，我们也可以针对自己的性格特点来选择户外运动项目，比如，如果你平时做事总是犹豫不决，就可以选择具有锻炼果断性的运动项目，像乒乓球、羽毛球等；如果你性情比较急躁，就可以选择有利于稳定情绪的运动项目，像下棋、太极拳等。当然，这只是一个参考，主要还是看你自己的兴趣爱好。

何时做运动最有利于身体呢？一般来说，每天下午4—7点，人体的机能处于最佳状态，是运动的最佳时间。如果各方面条件允许的话，我们可以在这个时间段内安排合适的运动项目。除此之外，我们还要见缝插针地进行户外运动，比如，每天早晨起床后，在小区广场上跑几圈；学习累了，到户外走一走，做一些简单的体操动作等。

在进行户外运动的时候，热身运动是非常重要的，这也是避免在运动中受伤的最好办法。因此，在运动之前，我们要先活动一下全身，做一下拉伸动作，以增加身体的柔韧性，预防肌肉拉伤；在运动结束之后，也要做一些放松身体和调整呼吸的活动，从而使身体逐渐恢复到运动之前的状态。为了保证安全，要根据运动项目购置防护用品，比如，轮滑时，要佩戴护膝和护肘；骑车时，要戴头盔。

同时，我们在运动的时候，一定要掌握一个度。古希腊著名哲学家亚里士多德曾说："运动太多和太少，同样损伤体力；饮食过多与过少，同样的损害健康；唯有适度可以产生、增进、保持体力和健康。"的确是这样，我们应该在新闻报道中看到过，有的人因为剧烈运动而受伤，甚至猝死。

由于每个人体质不同，所以一定要根据自己的身体状况决定运动量。一般情况下，运动的时间最好能控制在40分钟~1个小时。时间太短的话，可能达不到锻炼的效果；时间过长的话，可能会超过心理负荷，给身体造成伤害。如果在运动过程中出现头晕、疼痛、极度疲劳等症状，要马上停下来休息。

　　无论是进行什么运动项目，都会有一些禁忌，比如，在空腹的情况下，或者是饭前、饭后30分钟之内，都不可以做剧烈运动；运动之后，不能马上洗澡，不能暴饮暴食；遇到大雾天气，不要到户外运动；在户外运动时，尽量不要用嘴巴呼吸，而是养成用鼻子呼吸的习惯；等等。对于这方面的内容，我们可以参考一些专业的资料和书籍。

　　户外运动虽然有助于智力发展和身体健康，但是必须要坚持才能有效果。如果我们三天打鱼、两天晒网，虽然也能对身体机能产生一定的影响，但那毕竟只是暂时的，一旦停止户外运动，那么运动所带来的良好影响就会消失。所以，要想保持旺盛的体力和精力，就必须坚持户外运动。

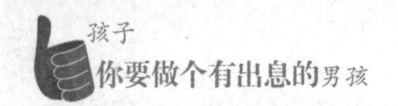

想办法去战胜内心的恐惧感

你是否有过企图摆脱或逃避某种情况却又无能为力的情绪体验？是否有过因为不可预料因素而导致的一种无所适从的强烈而压抑的状态？其实，这就是恐惧感。几乎每个人的内心都有恐惧感，比如，害怕黑夜，害怕动物，恐高，害怕雷电，害怕乘飞机，害怕封闭的空间，害怕遭拒绝，害怕孤独，害怕受批评，害怕患上恐惧症，等等。

其实，恐惧感的产生与过去的心理感受或亲身体验有关。俗话说："一朝被蛇咬，十年怕井绳。"说的就是这个道理，有的人在过去受到过伤害，大脑中就会形成一个兴奋点，当遇到类似的情景时，过去的感受就会被唤起，进而产生恐惧感。

人一旦出现恐惧心理，身体就会自动地处于警觉状态，神经高度紧张，心跳与呼吸加快，两手出汗，脸色通红或苍白，脑子里一片空白，不能正确判断或控制自己的举动，变得容易冲动。

那么，恐惧的根源来自哪里呢？其实就是我们对某件事情或某种现象的看法、解释。举例来说，如果你见到死尸，会想到什么？我们大部分人想到的是僵尸、鬼神、阴间等，自然就会感到恐惧。而那些医生就不会感到恐惧，因为他们看到死尸想到的不是那些恐怖的东西，而是身体结构、器官。

可以说，恐惧的根源都是人的大脑里输入了关于某件事情或某种现象的令人害怕的场景、看法。一旦想到这个场景或类似的场景出现时，就会感到恐惧。如果我们的大脑中没有输入这样的场景、看法，就不会产生恐惧感。说到底，就是对某件事情或某种现象的看法导致了人的恐惧感，其实是自己吓自己。

既然我们了解了恐惧的根源，就要对自己的恐惧负责，想办法战胜它。当然，要想改变对事物的看法、观点，不是那么容易的。但是，只要我们明白，恐惧的根源来自内心对令我们恐惧的事物的看法、观点，我们就会一点点地消除恐惧。

有的男孩可能会说，只要避开或排除令自己恐惧的场合、事物，不就可以了吗？这样做，从短时期看是一种有效的解决办法，可以让恐惧的情绪缓和下来，但是从长期角度来说，这种做法却是消极的。比如，有的人害怕坐飞机，所以从来不坐飞机，也许坐飞机并没有他想象的那样可怕，如果他能勇敢地迈出一步，做一次飞机，可能就会消除这种恐惧感。如果因为恐惧而选择逃避，那么这种恐惧将会扩展到越来越多的领域，恐惧感也会愈演愈烈。

所以说，对于令自己恐惧的事物，要敢于接触它，知道它"不过如此"，也就不害怕了。就如有的人害怕在众人面前说话，但只要他硬着头皮去讲，慢慢地，他就不会感到忐忑不安了，表情动作也自然了。不过，这是一种艰难且危险的战胜恐惧的策略，关键的问题是不能过早地夭折，如果中断，那么恐惧感将越发严重。所以，只要我们下定决心去接触自己恐惧的事物，就要坚持到底，直到消除恐惧感。

此外，还有一种情况，有的人对某些事物产生恐惧感，多是缺乏这方面的知识，不明白其中的原理。

法国著名物理学家居里夫人的女儿害怕打雷。一天夜里，电闪雷鸣，居里夫人来到她的房间，只见她用被子把自己包得严严实实的。居里夫人明白，胆小怕事的人将会一事无成，便让她下床，走到窗户前，向她详细地讲解了雷电产生的原理。从此之后，她再也不怕雷电了，而且越来越勇敢，敢于尝试很多以前连想都不敢想的事情。

可见，要想战胜内心的恐惧，就要提高对事物的认知能力，拓宽知识面，增加生活体验。当我们了解了所害怕的事物或情景，就会突破自己的心理障碍，恐惧感便会随之减弱直至消失。

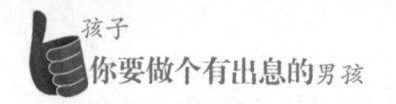

还有一种战胜恐惧的方法，就是系统脱敏法。

我们要先把能引起恐惧的事情或情景，按照等级程度由小到大的顺序依次排列出来，分别抄写在卡片上，并按顺序依次排列好，然后选择一处安静适宜、光线柔和的环境，让自己全身放松，进入松弛状态之后，拿出上述卡片的第一张，想象上面的情景，越具体、越逼真越好。如果你感到不安、紧张，就立刻停下来不要去想，然后深呼吸，让自己松弛下来。完全松弛之后，再重新想象刚才的情景，直到卡片上的情景不会再令你感到不安、紧张，那么这个等级的脱敏就完成了。按照这样的方法，依此类推，继续想象下一个等级的脱敏训练。如此反复，直至所有卡片上的情景都不再令你恐惧为止。

接下来，你就可以按照等级程度由小到大的顺序，在现实生活中进行实践了，如果你在实践的过程中感到不安、紧张，就做深呼吸，让自己放松下来，然后继续实践。如此反复，直至自己不再恐惧为止。

你可以根据以上提到的几种方法策略，在被恐惧征服之前就战胜它，让自己成为真正的勇者，勇往直前，无所畏惧。

学会转消极心态为积极心态

生活就像一面镜子，你对它笑，它就对你笑；你对它哭，它就对你哭。一个人对生活的看法不同，他的心态就会不一样。面对太阳，眼前是一片光明；背对太阳，看到的是自己的影子。问题的关键就在于我们如何选择，选择用什么样的心态面对生活，相应地，就会有什么样的结果等着我们。

有这样一则小故事：

两个欧洲人到非洲做市场调查，看看当地的居民是否需要皮鞋。到了非洲，由于天气炎热，非洲人几乎都光着脚。其中一个推销员看到这样的情景，感到很失望：这里的人都光着脚，根本就没有市场。于是，他放弃了，失败而归。另一个推销员看到非洲人都光着脚，惊喜万分：太好了，这里的人大多都不穿皮鞋，只要想办法刺激他们对皮鞋的需求，那么发展空间是很大的。于是，他开始想办法引导非洲人购买皮鞋，最后成功而归。

面对相同的情景，两位推销员有不同的见解和做法，自然就呈现出了完全不同的结果，一个失败，另一个成功，究其原因，就是心态的差别，前者是一个拥有消极心态的人，而后者是一个拥有积极心态的人。

积极心态是由正面的特征组成的，如自信、乐观、进取、机智、勇气、希望等，能够激发高昂的情绪，产生超常思维，挖掘身上潜藏的能力，进而决定一个人的未来——成功，永远的成功。

而消极心态则正好相反，它是由反面的特征组成的，如自卑、悲观、焦虑、浮躁、抑郁等，会让人变得没有目标，缺乏动力，不愿付出，只求

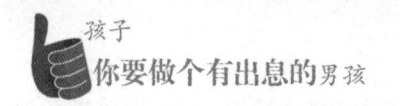

不劳而获，不敢相信自身的潜能，不敢面对挑战，这就注定了结局只有一个——失败，永远的失败。

积极心态和消极心态是可以互相转化的，我们只要找到转化的条件，也就找到了转化的钥匙，而这把钥匙就是思考问题的思维方式和看待问题的视角。

看到杯子里有半杯水，你会说什么？当时的想法是什么？不同的人看到同样的半杯水会有不同的反应，而这种反应就代表了一种心态。有的人会说："唉，只有半杯水了。"而有的人则说："太好了，还有半杯水呢！"显然，这就是两种截然不同的心态。前者是消极心态，后者是积极心态。

同样的半杯水，因为思考问题的方式和看待问题的视角不同，就产生了消极和积极两种心态。看到半杯水，有的人会认为"只有半杯水了"，如果换种思维方式考虑问题，换种角度看待问题，或许就会发出这样的感叹："还有半杯水呢！"这就是改变思维方式、观察视角所带来的消极心态向积极心态的转化。

其实，任何一件事情都有其两面性，关键就在于我们怎样去看待它。有些时候，我们无法改变现状，但是可以改变心态。无论面对什么样的事情，我们都要保持积极乐观的心态，不看消极的一面，只看积极的一面。同时，我们尽量不要谈论消极的事，不说消极的话，用积极的心态代替消极的心态。

平日里，多给自己积极的心理暗示，用第一人称"我"，用肯定的语气，描绘出自己希望成为怎样的人，或者是希望达到什么样的目标，然后把自己的希望写在卡片上，随身携带着卡片，或者是放在任何时候都能看到的地方，每天对着镜子将它大声地说出来。

进行自我暗示的最佳时间是早晨一起床和晚上睡觉前。因为，这时候，我们的头脑处于半意识状态，只要意识下命令，潜意识就会无条件地接受。那么，在这个时间段，我们要以强烈的信念进行积极的自我暗示，如此，所暗示的内容就会储存在潜意识中，从而转化为积极的行为。

同时，我们也可以把所希望达到的目标在头脑中预演，如此，大脑中就会留下良好的记忆印痕，当遇到真实情境的时候，良好的记忆印痕就会被激发出来，从而促使我们的思维和行为朝着预演的方向发展。千万不要小看自我暗示的作用和力量，它能在不知不觉中改变你的心态。

还有，我们永远也不要消极地认定什么事情是不可能的。如果将"不可能"这三个字刻在潜意识里，那么就会传递出消极的信息，事情自然也就朝着消极的方向发展。事实上，只要我们抱有希望，具备积极乐观的心态，凡事都往好的地方想，然后付出努力，任何事情都是有可能的。

美国成功学大师拿破仑·希尔小时候有个梦想，就是当一名作家。但是，周围的人都认为这是不可能实现的。但他并不相信周围人的话，并把字典中"不可能（Impossible）"这个词剪了下来，拥有了一本没有"不可能"的字典。他认为，对于一个要不断超越别人和自己的人来说，没有什么是不可能的。当然，他最终实现了自己当作家的梦想。

当然，并不建议你把"不可能"这三个字从字典中剪掉，而是建议你把"不可能"从潜意识中除掉，用"可能"来替代它。这样做，就是在转消极心态为积极心态。心态改变了，事情也会朝着有利的方向发展。不信，你就试试看吧！

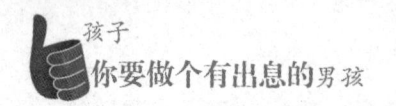

跨越猜疑与多疑的樊篱

看到两个同学背着你在窃窃私语，你就会想：他们是不是在说我什么坏话呢？这可能是很多人的第一念头，这就是猜疑。从心理学角度来说，猜疑是没有根据地怀疑，是一种与事实并不相符的主观想象，是一种由消极的自我暗示心理而产生的心理障碍。

如果这种猜疑心理达到一种极端状态，就会变成多疑，不仅在量上表现为会出现更多的猜疑，而且在质上属于无端生疑，属于毫无根据地纯粹是为了证明成见、偏见的猜疑，这是一种心理失衡的表现。

英国哲学家培根曾经说："猜疑之心犹如蝙蝠，它总是在黑暗中起飞。这种心情是迷陷人的，又是乱人心智的。它能使人陷入迷惘，混淆敌友，从而破坏人的事业。"没错，猜疑或多疑似一条无形的绳索，我们如果疑心过重的话，就会被束缚住手脚，因为一些无中生有的事而烦恼、郁郁寡欢，无法更好地与人交流，可能无法结交到知心朋友，变得孤独寂寞，对身心健康都有危害，也无益于学业和将来事业的发展。

现代社会中有很多因为猜疑而导致的悲剧，比如，父母猜疑孩子不好好学习而使孩子愤然离家出走；夫妻之间因为猜疑而导致家庭破裂；朋友之间因为猜疑而使得挚友反目；甚至还有的人因为猜疑而犯下不可饶恕的过错……

可以说，无端的猜疑或多疑，是不会有好结果的。人与人之间应该真诚相待、彼此信任。所以，我们要跨越猜疑与多疑的樊篱，用宽广的胸怀、友善的态度对待他人。

有时候，只有在一定情境下，具有猜疑心的人才会"疑心生暗鬼"，以主观想象代替客观事实，比如，别人只是无意中说了一句玩笑话，有的人就会怀疑他是在嘲讽自己。在没有特定情境的时候，则一般不会产生猜疑。

那么，针对这种情况，我们需要调整自己的心态，处在某种特定情境中的时候，在没有看到事实之前，不要随便下结论，也不要随意猜疑。

要知道，很多时候，猜疑只是我们头脑中的想象而已，并不是事实。就好比看到两个同学背着你在窃窃私语，他们其实并不是在说你什么坏话，只不过是在悄悄地谈论一些与你无关的事情，而你却以为他们在说你的坏话，岂不是自讨没趣吗？

还有，具有猜疑心的人往往带有成见，通过"想象"把一些无关的事情拼凑在一起，或者是无中生有地制造出某些事情，于是就把别人无意的行为误解为对自己怀有敌意，没有根据地怀疑别人对自己进行欺骗、伤害，把别人的善意曲解为恶意，甚至武断地定格对某件事情或某个人的认识。

《吕氏春秋》中有这样一个故事：

从前有一个人丢了一把斧子，他怀疑是邻居家的孩子偷的，便暗中观察那个孩子，发现那个孩子的走路姿势、脸上表情、言谈举止都像是偷了他斧子的样子。几天后，他上山砍柴，意外地找到了被自己遗忘在土坑里的斧子。回家之后，他再观察邻居家的孩子，就不像是偷斧子的样子了。

故事中的那个人就是典型的猜疑心理。当他猜测是邻居家的孩子偷走了自己的斧子时，他怎么看那个孩子怎么都像是个偷斧子的人；而当真相大白的时候，他怎么看那个孩子都不像是偷过斧子的。事实上，那个孩子从头到尾都没有一丝一毫的改变，改变的是那个人的心和看待事情的态度。

在面对某些事情或某些人的时候，我们一定不要给自己附加一副带色的眼镜，也不要带有自己的成见，否则将看不清事情的真相，要知道，成见是认识客观真理的障碍，当你带着成见去看待一件事情的时候，必然会歪曲客观事物的原貌。

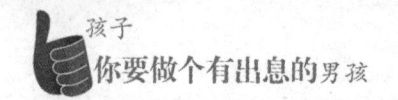

当我们发现自己开始猜疑别人的时候，应该立即停止猜疑，去探求事情的真相。就像上面故事中的那个人，如果他在丢失斧子之后冷静地想一想，是不是把斧子落在了砍柴的地方，是不是不小心掉在了回家的路上，他就会去找斧头而不会无端猜疑是邻居家的孩子偷走了自己的斧子。

当我们产生猜疑的时候，冷静的思考是非常必要的。如果冷静思考之后，猜疑依然存在，就应该通过适当的方式，与被疑者进行心与心的沟通。如果是误会，方可及时消除；如果只是看法、观点不同，通过沟通便能了解彼此的想法，也是有好处的；如果证实了自己的猜疑并非武断，那么就心平气和地与他人交谈，尽自己最大努力解决问题。凡事都敞开心扉，将内心的猜疑公之于众，彼此之间才能消除隔阂、误会，才能获得最大限度的理解与信任。

第七章　身心健康才能走更远的路

学会摆脱焦虑的旋涡

一说起焦虑，我们往往想到的是成年人世界里由于竞争激烈和压力过大而产生的焦虑情绪。殊不知，焦虑情绪也正在悄悄地向我们袭来。

焦虑是人们在遇到某些事情如困难、危险、挑战时出现的一种正常且复杂的情绪反应。比如，快要考试了，如果你觉得自己还没有复习好，就会感到紧张、担忧；如果第二天有特别重要的事情，晚上就会一直想第二天的情景，会遇到什么事情，应该怎么应对，甚至会因此而失眠；一遇到令你紧张的情景，你就会咬手指，或者拽衣服角；等等。这就是典型的焦虑状态。

一般来说，焦虑的人会表现得格外紧张、焦急、担忧、恐惧，而这些负面情感又很容易交织在一起，使人情绪紊乱，感到不愉快，甚至痛苦以至于难以自制，有时还会出现胸闷、呼吸急促、恶心、呕吐、尿频、食欲不振、四肢发冷等症状。

由于焦虑状态大多都是潜在的，可能连你自己都没有意识到，但是你却会下意识地发出一些信号：爱做一些以前从不做的小动作，如咬手指、揪头发、磨牙、喜欢抠周围物品的凸起部位等；情绪暴躁，惶恐不安，爱哭闹；对于别人不太在意的日常琐事感到不自在，过分担忧；不愿与同学交往，容易与同学发生冲突，不愿意上学，一上学就感到头痛、肚子痛；入睡困难，睡觉不踏实，经常做噩梦……这些都是焦虑的外在表现。如果你有这样一些表现，基本就可以判断你正在遭受焦虑情绪的困扰，应该提高警惕。

虽然焦虑是一种正常的情绪反应，但却是一种消极的、负面的情绪反

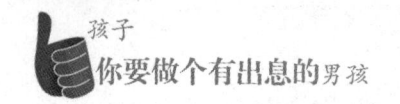

应，带给我们的是负面影响。如果这种情绪反应持续时间过长，就很容易患上焦虑症。所以，我们要学会摆脱焦虑的旋涡，战胜焦虑的侵袭。

当出现焦虑情绪的时候，我们首先要正视它，要知道这是一种消极的情绪反应，认识到它的负面影响和危害，不要用自认为合理的理由来掩饰它的存在，更不要无视它，否则它就会像一颗毒瘤一样，在"滋养"下慢慢长大，最终会在某一天毒害我们的身心。不过，我们也不要有负担，它并不可怕，只要我们树立起消除焦虑心理的信心，并选择合适的方式，就一定可以摆脱焦虑的困扰。

我们可以运用注意力转移的方法，把自己的注意力从令自己焦虑的事物或情景中转移到别的事物上，比如，做自己感兴趣的事情，听一些舒缓快乐的音乐，看一些幽默搞笑的视频，增加愉悦感；做做运动，如踢足球、打篮球、游泳等，消除内心的紧张……这些新体验有可能驱逐和取代焦虑心理。

我们还可以运用自我松弛的方法来减轻或消除内心的焦虑，具体做法是：端坐不动，闭上双眼，然后告诉自己"什么都不要想，全身放松"，运用意识的力量让自己从头到脚慢慢松弛下来，处于一种松和静的状态中。与此同时，我们还可以想象自己来到静谧的海边或湖边，坐在软软的沙滩或草地上，沐浴着和煦的阳光，听着波涛轻拍岸石的声音和小鸟叽叽喳喳的声音……这样的想象会让我们的身心得到全面放松，慢慢地从焦虑的情绪中解脱出来。

在前面提到了"脱敏训练法"，这个方法同样适用于摆脱焦虑情绪。

举个简单的例子，由于学习压力过大，有的男孩出现了考试焦虑，一到考试的时候就显得格外焦虑。针对这种情况，我们首先要进行脱敏训练，也就是说在考试前反复想象考试的过程，如果出现了紧张、手抖出汗的状况，就立即做深呼吸，如此反复多次，考试焦虑就会有所缓解。然后，在进入考场之后，要学会自我暗示，如"我一定能行""我是最棒的"等，放下思想包袱，增强自信心，如果还是感到紧张，可以采用深呼吸的方法调整身心，保持头脑冷静，如此就会发挥出自己的正常水平。

第七章　身心健康才能走更远的路

如果这样内心的焦虑还是无法排解的话，千万不要闷在心里，可以把苦恼倾诉给值得信任的人。在宣泄负面情绪的同时，你会发现，原来这种焦虑不只自己一个人有，很多同学都有，这样有利于恢复心理平衡，正视这种焦虑，还可以问问其他人是如何摆脱这种焦虑的，选择适合自己的方法。如果焦虑的程度过于严重，就要向专业的心理医生咨询，以帮助自己远离焦虑的困扰。

孩子
你要做个有出息的男孩

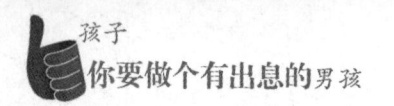

保持心灵的纯洁，抵制各种诱惑

人之初，性本善。人之所以高贵，是因为拥有纯洁的心灵。保持心灵的纯洁，是一种对待人生的心态。我们只有保持心灵的纯洁，才会发现身边的美好，才会愉快地学习、幸福地生活，才会让生命绚烂多姿。

我们总有一天要步入社会，当心灵的净土面临侵蚀之时，我们是否还能够出淤泥而不染，是否还能够保持心灵的纯洁，抵制各种诱惑呢？

要保持心灵的纯洁，这并不难，难的是当我们面对诱惑的时候，还能固守住心灵的纯洁和宁静。

有这样一则富有哲理的故事：

一个年轻人向老者请教："请问怎样才能成功地攀登上梦想的山巅呢？"

老者微微一笑，没说什么，从地上捡起一张纸，叠了一只小船，然后把它放入旁边的小河里，小船借着水流漂向远方，岸边的鲜花向它"搔首弄姿"，它也不为所动，而是默默地向前行进。

接着，老者说："人的一生会遇到很多诱惑，如金钱、美色、名誉、地位等，选定了奋斗目标，途中却会因私谋金钱而驻足，会因贪恋美色而沉沦，会因渴求名誉而浮躁，也会因攫夺地位而毁灭，所以很难像这只小船一样，不为诱惑所动，向着既定的目标默默前行，这就是有些人做事半途而废的原因。"

想想这位老者说的话不无道理。只要我们生活在这个充满诱惑的大千世界，就会接触到来自各方面的诱惑，如果没有一定的定力和精神支柱，那么将很难保持心灵的纯洁，任何诱惑都有可能让我们沉迷其中。如果我

第七章 身心健康才能走更远的路

们能够保持心灵的纯洁，不被外在的一切所诱惑，就能朝着既定的目标前进，直至攀登上梦想的山巅。

由于我们涉世未深，社会经验不足，自控力较差，所以很容易被外界事物诱惑，沾染上不良习气，迷失方向，进而影响学业和生活。因此，我们一定要保持心灵的纯洁，坚决抵制各种诱惑。

我们如果从小就被禁锢在非常狭窄的生活圈内，没见识过外面繁华的世界，那么将来一旦走进这个繁华的世界，就容易被身边的事物所吸引、诱惑，甚至不知道自己正身处诱惑之中。而无知将会给我们带来更大的伤害。

因此，我们有必要见识一下这繁华的世界，了解这个真实的世界。如果有机会的话，我们可以跟随父母去高级餐厅体验一下不同的用餐气氛，到正规的私人会所参加聚会，到商场欣赏一下从未见过的商品。同时，我们也可以借助电视、报纸、网络等媒体，了解目前社会中存在的诸多现象，了解不同的人以怎样的方式生活在这个社会上。那么，当诱惑向我们袭来时，我们就不会因无知而深陷其中了。

由于诱惑以各种各样的形式存在着，无时不在，无处不有，所以我们要知道生活中存在着哪些诱惑，唯有这样，我们才会提高警惕，知道如何面对这些诱惑。

诱惑一般分为两种，一种是物质诱惑，另一种是精神诱惑。一开始，我们面对的最多的就是物质诱惑，如可口的美味佳肴、酷炫的玩具、昂贵的名牌衣服等。随着接触的东西越来越多，我们将会受到精神上的诱惑，如至高无上的荣誉、高高在上的地位、不健康的娱乐场所、毒品等。对于这些诱惑，我们一定要提高警惕，在心里筑起一道防线，让诱惑远离自己。

当诱惑敲打我们的心门时，要坚决地说"不"。这样笼统地说，你可能会不理解，那么我们不妨试着在面对诱惑的时候，静静地问自己几个问题："为什么这个诱惑对我有如此大的吸引力？""这个诱惑会带给我什么？""如果抵制不住诱惑，我将面临怎样的结果？""如果抵制住这个诱

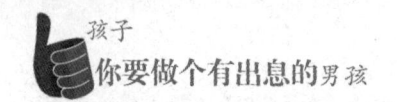

惑，我的处境如何?"只要认真思考这几个问题，你就会知道应该怎么去做了。

　　当然，前提条件是，我们要有一个冷静的头脑，具备对是非善恶的判断力。唯有这样，我们才能正确思考上面的几个问题，才有可能抵制住外界的诱惑，否则很可能会判断失误，把糟粕当成精华来吸收。一些传统经典，如《弟子规》《朱子治家格言》《增广贤文》等，这里面包含着为人处世的是非善恶标准，我们平日里要多阅读这些传统经典，学会明辨是非善恶。

第八章
做勇敢的男孩，从优秀走向强大

每个男孩的心中几乎都隐藏着一种与生俱来的英雄情结，从小就怀揣着英雄梦，渴望自己成为一个大英雄，干一番大事业，改变这个世界。那么，我们就要具备一种高贵的品质——勇敢，有敢为人先的精神，让自己从优秀一步步走向强大。

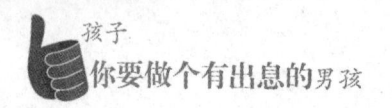

把自己当一个"强者"来看

美国前总统林肯曾经说:"勇气往往比才华与天赋来得更有力量。"没错,才华与天赋很重要,但勇气更关键。想想看,在机会面前,勇敢的人会不顾一切地抓住机会,然后凭借着才华与天赋去努力,进而取得成功。如果他没有勇气抓住机会,那么他的才华与天赋又怎会有施展之地呢?

我们都希望自己是强者,那就要把自己当一个"强者"来看,如此你就是强者。在成长的道路上,你会多一把利器,可以少走一些弯路,通过不懈努力去实现自己的人生梦。

在 2014 年高考的战场上,"无臂男孩"彭超用脚执笔,交出了总分 538 分(加上攀枝花地区 5 分的加分,总分 543 分)的答卷,超一本线 3 分。

原本,彭超是一个身体健全的男孩,6 岁那年,他和伙伴玩耍时不慎被变压器高压电击伤,命虽然保住了,但是失去了双臂。坚强的彭超并未向命运低头,他乐观地面对生活,克服了常人难以想象的困难,通过艰辛的训练,学会了用脚穿衣、写字等,日常生活起居基本能够自理。

在学习上,彭超的成绩在全年级排名靠前,用脚答题的速度不比正常人慢,他这样为自己打气:"用脚答题,我一样会写出我的灿烂人生。"他希望通过自己的努力实现去北方高等院校土木工程系上大学的梦想。2013 年,彭超参加了高考,但成绩并不理想。

当彭超得知自己的高考成绩时,不免有些失望,但他说,无论是怎样的结果都会坦然接受。在志愿填报中,他填报了四川大学、电子科技大

第八章 做勇敢的男孩，从优秀走向强大

学、西南财经大学三所一本院校，未填报二本、三本院校。结果，彭超落榜了，虽然有些遗憾，但那时他并未气馁，他选择复读一年，争取明年再战。

作为一个身体不健全的男孩，彭超并没有把自己当成一个弱者，而是把自己当"强者"来看，坚强乐观地面对生活的一切，克服遇到的所有困难。在他得知自己的高考成绩时，虽然有些失望，但是其选择坦然接受。面对高考落榜，他虽然有些遗憾，但并未气馁。这就是强者！我们应该为彭超鼓掌、喝彩！

与彭超相比，我们是幸运的，至少我们身体健全，我们是身体上的强者，但是真正的强大并不仅仅在于身体，更在于内心，就像彭超一样，我们应该勉励自己成为一个内心强大的男子汉。

作为一个强者，我们首先要做好身边的小事，千万不要以为只有做大事的人才称得上是强者，真正的强者既能做得了大事，更能把小事做好，要知道，任何一件大事都是由小事堆积起来的，只有把小事做好，才有可能做好大事。如果我们一心只想做大事，不把小事放在眼里，是做不成大事的。

所以，我们应该脚踏实地地从身边的每一件小事做起，做一些自己力所能及的事情，时刻提醒自己不要抱着敷衍了事的态度，要做一件事就要认真去做。

还有，真正的强者是不畏惧任何困难的。成长的道路不是一帆风顺的，到处充满着荆棘，作为一个强者，就要有勇气面对困难，并想尽一切办法战胜困难。就像彭超，他失去了双臂，在生活和学习上会遇到很多常人意想不到的困难，但是他都挺过来了，战胜了困难，像正常人一样学习、生活。

同时，强者不惧怕失败。有一句歌词："论成败，人生豪迈，只不过是从头再来。"对，就是要有这样的态度，失败并不可怕，可怕的是我们因失败而一蹶不振，失败没什么大不了的，只要从头再来就行了。

作为一个强者，我们应该是勇敢无惧的，但绝不是鲁莽的。勇敢与鲁

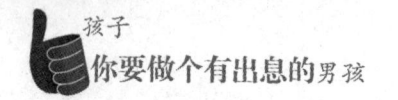

莽虽然有共同之处，即有胆量，但是勇敢者是冷静的，能够理智地进行判断，机智地应对挑战、处理问题；而鲁莽者则是胆大妄为的，虽然不惧怕困难，但是缺乏冷静、理智的判断，容易意气用事，很可能会使问题更加严重。我们要正确区分勇敢和鲁莽，杜绝鲁莽行为，做出利人利己的勇敢之举。

第八章 做勇敢的男孩，从优秀走向强大

培养"知难而进"的进取精神

人生如逆水行舟，不进则退。人生就像逆水行驶的小船，如果没有"知难而进"的进取精神，就一定会后退。进取精神是一个人力争上游的决心与动力，它不允许我们懈怠，每当我们到达一个高度的时候，它就会召唤我们向着更高的目标奋进。

拿破仑·希尔曾经研究过美国最成功的 500 个人的生平，结果发现，每一个成功者都有一个不可或缺的元素，那就是"知难而进"的进取精神。可以说，一个人一生有多大的成就，很大程度上取决于他是否具备进取精神。

随着年龄增长，越来越多的男孩不再像小时候那样对任何事情都充满好奇、兴趣，而是变得懒惰了，宁可坐着发呆，也不愿意去探究感兴趣的事物；会以无所谓的态度对待周围的一切，无论做什么事情，总是抱着"得过且过"的态度；失败了一次，就会想：反正我是不行了，就这样吧，然后便不再为之努力……这些都是没有进取精神的表现。

要知道，如果我们在这么小的年纪就用养老的状态对待一切事情，那是非常可怕的。没有进取精神，我们就不会有奋斗的目标，思想和行动往往都是盲目的，不仅会影响我们现在的学业，更会影响我们未来的事业。

比尔·盖茨最常对年轻人说的一句话就是："永不知足。"我们只有永不知足，不满足现状，不满足已取得的成绩，才会有前进的方向和动力，才能发挥出自身的潜能，进而创造一片更美好的天地。

巴西著名足球运动员贝利，在 20 多年的足球生涯中，他参加了 1 300 多场比赛，踢进了 1 200 多个球，创造了一个球员在一场比赛中射进 8 个

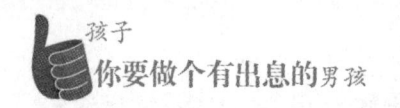

球的纪录。

在一场比赛中，贝利从己方的禁区带球穿过全场，躲过了对方的全部防守队员，顺利破门。他的这一进球，不仅令所有观众着迷，就连对方球员都拍手称绝。比赛之后，贝利被采访的记者团团围住，其中一位记者问道："贝利先生，在您的进球中，您认为哪一个踢得最好？"贝利不假思索地说："下一个。"

当贝利的个人进球纪录满1 000个的时候，记者问了同样一个问题，而贝利意味深长地说："下一个。"

当贝利退役很长时间之后，记者再次采访他，问道："在您20多年的足球生涯中，您对自己的哪一个进球最满意呢？"贝利非常谦虚地说："下一个。只要我还活着，就还有进球的问题。"

三个同样的问题，三个同样的答案，简单的三个字"下一个"，却揭示了一个深刻的道理：在迈向成功的道路上，不能因已取得的成绩而沾沾自喜，而是应该把已取得的成绩当成是新的起点，以积极进取的心态迎接新的挑战，不断攀登新的高峰。正如古人常说的："百尺竿头，更进一步。"

对于我们而言，面对自己取得的一次次小小的进步和成功，应该有一种"归零"的心态，不满足于现状和已有的成绩，从头开始，拿出积极拼搏的劲头，激励自己永远向前迈进，不断超越昨天的自己。

对于培养"知难而进"的进取精神，目标是非常重要的，没有目标就没有动力，没有动力又谈何进取呢？所以，我们应该根据自身的实际情况，制定一个个符合自己情况的目标，并激励自己向着目标迈进。

在制定目标的时候，一定要制定一个适合自己的目标，制定一个"蹦一蹦就能够得着"的目标，如果目标过低，起不到培养进取心的效果；如果目标过高，会让自己有一种望而却步的感觉，如果达不到目标，就会令自己的进取心受挫。同时，我们再根据自己的情况，循序渐进地提高目标。这一个一个小小的目标积聚起来，就会产生巨大的力量，让我们离成功越来越近。

第八章　做勇敢的男孩，从优秀走向强大

还有一点需要注意，进取绝不是一定要比别人强，一定要争第一，如果这样去做，就会变得争强好胜，会产生一种非要压倒别人的心理，会不顾实际情况盲目蛮干，甚至会以不正当的手段谋取自己的利益。

要知道，进取不等于争强好胜，不是为了自己的面子而与别人攀比，也不是要与别人争个我高你低，更不是处处超过或压倒别人，而是把自己作为超越的目标，相对于自己的现状而言要有所进步。以这种正确的心态去培养"知难而进"的进取精神，才能真正让自己有所收获。

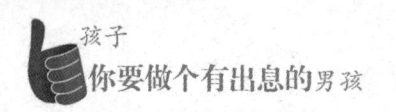

培养分辨是非的能力

在生活中，很多事情都离不开对价值的判断，都要去分辨是非善恶，我们只有具备了这种能力，才能分辨出好与坏、是与非、对与错、善与恶、美与丑，懂得什么事情可以做，什么事情不可以做，不会误入歧途，少走一些弯路，把握好人生的方向。

对于一个人而言，分辨是非的能力是非常重要的，它不仅影响着我们对事物、对他人的认知，还影响着我们所做出的选择。

现在是多元化的信息时代，一些良莠不齐的信息不断地"轰炸"着我们的头脑。我们拥有强烈的好奇心、求知欲，而分辨是非的能力较差，这很容易导致我们是非不明、善恶不分，甚至会把糟粕当成精华来吸收。

比如，有的男孩看到有人打架，就认为这是勇敢的表现；听到有人说话带脏字，就认为这样很酷；看到有人把头发染成黄色，打个耳洞，就认为这样又时尚又成熟；看到有人抽烟，就认为这样才有男人味……

我们没有分辨是非的能力，就很容易被不好的事或人所误导，偏离正确和健康的成长轨道，甚至会走上违法犯罪的道路。因此，我们必须要培养分辨是非的能力。

所谓分辨是非的能力，是指一个人根据自己已经具备的道德修养，对自己或他人行为中的是非善恶进行判断的能力。如果我们没有正确的道德观念，就会缺少评判标准，自然也无法分辨出是与非、善与恶。

同时，我们也要建立正确的是非观，知道哪些事情是可以做的，哪些事情是不可以做的，在脑海中形成一个是非的标准。正确的是非观，是约束行为的一把尺子。不过，有时候，是非的界限是很难去划定的，导致自

第八章 做勇敢的男孩，从优秀走向强大

己不知道到底该如何去做，有时候以为自己是在做好事，其实是在做坏事。

看了下面苏格拉底和一个年轻人的对话，或许你就会明白其中的奥妙。

苏格拉底听到一位年轻人正在宣讲"美德"，便向他请教："请问，什么是美德？"

年轻人不屑地说："不偷盗、不欺骗等品行都是美德。"

"难道不偷盗就是美德了吗？"

"当然了。"

"在我当士兵的时候，接到了一位指挥官的命令，要在深夜潜入敌人的营地，偷取敌人的兵力部署图。请问，这种行为是不是就不属于美德了呢？"

年轻人犹豫了一下，说道："偷窃敌人的东西是美德。我说的不偷盗是指不偷窃朋友的东西。"

"有一次，我的好朋友遭到了天灾人祸，由于对生活绝望了，便买来一把尖刀准备结束自己的生命。我得知了这一消息，便把尖刀偷了出来。那么，这种行为就不属于美德吗？"

年轻人感到很惭愧，便恭恭敬敬地向苏格拉底请教什么是美德。苏格拉底告诉年轻人，任何事情都是相对的，美德是无法用简单、绝对化的语言描述出来的。

这个故事寓意深刻。在我们看来，偷盗是不对的，但是如果偷盗是为了防止某些人做错事，那就是对的了。说谎肯定是不对的，但是如果是为了他人的幸福而适度地说个谎，那么谎言就变成了善意的话。比如，面对一个身患绝症的亲人，谁又忍心告诉他真实的病情呢？一般来说，这时候，我们就会编一个善意的谎言，好让他安心配合医生的治疗，让他有活下去的希望和信念。如此看来，这样的"谎言"就是不得不说的了。

《了凡四训》中有这样一句话："有益于人是善。有益于己是恶。有益于人，则殴人詈人皆善也。有益于己，则敬人礼人皆恶也。"大意是说，

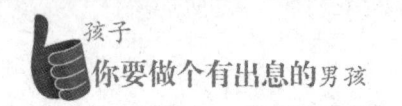

只要是有益于他人的，即便是打他、骂他也是善的，因为这是为了他好；如果是有益于自己的，纵使礼敬他人也是恶的，因为当你为了达到自己的目的时，对人礼敬就不是出自真心的，而是有意讨好、巴结。

所以说，在分辨是非的时候，一定要考虑全面，不仅要考虑表面上呈现出来的现象，更要深入考虑其深层次的原因。同时，我们也要把一些传统经典作为分辨是非的标准，如《弟子规》《了凡四训》《论语》《中庸》等。我们要认真学习传统经典，并按照上面的标准去落实。

第八章 做勇敢的男孩，从优秀走向强大

要勇敢，但并不等于去冒险

生活中总是有一扇扇虚掩的门，有的男孩不敢将门打开，害怕门后面那个未知的世界，害怕打开门后，跑出来的洪水猛兽会将自己吞掉。没有勇气打开一扇扇虚掩的门，就只能生活在狭小的圈子里，生活一成不变，犹如一潭死水。这样的男孩，即使有梦想也无法实现。真正的勇者，会勇敢地推开那扇虚掩的门，勇敢地接受未知世界的挑战。

我们都希望做一个勇敢的男子汉，但是有时候却将勇敢理解得过于简单、肤浅，认为无论是什么事情，只要做了就是勇敢的表现。殊不知，这种过于简单的认知，会让我们的勇敢行为变质，变成冒险行为。

回忆一下小时候，大多数男孩都有类似这样的"攀比"：比谁敢从院墙上跳下来；比谁敢玩滑板做高难度动作；比谁敢骑车的时候松开车把；比谁敢去捅马蜂窝……大家都认为，谁敢去做一些比较冒险的事情，谁才是最勇敢的。但是，你有没有想过，这样去做很可能会给自己或他人带来不必要的伤害呢？

勇敢本没错，但是勇敢并不等于要去冒险。乍看上去，勇敢与冒险似乎有一定的关联。但是，我们不能混淆这两个概念，勇敢是人们有勇气做成一件不太容易的事情，而冒险则是不顾危险地进行某项活动。

真正的勇者，并非是不可一世的狂妄之徒，不会以匹夫之勇逞一时之能，更不是没有脑子的莽撞汉，也不仅仅是行为上敢于做某件事情，而是在于内心的勇敢。我们只有从内心勇敢起来，才不会只凭头脑发热去做事，才会有更为严谨的思考，而行为也会受到内心的约束。

有个成语叫"有勇有谋"，既有胆量，又有谋略，这才是真正的勇敢。

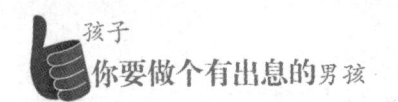

如果只有勇气，没有计谋，那么只能算是鲁莽，而勇敢也就变成了冒险。如果只有谋略，没有勇气，就好比纸上谈兵，终究只是一场空。

无论做什么事情，都应该做到有勇有谋。遇事要先冷静一下头脑，切莫急于下决定，而是要先对掌握的情况有一个大致的考量，考虑一下利弊，可以从心底问自己几个问题，比如，为什么要做这件事情，做了这件事情会给自己或他人带来怎样的后果及影响，如果不做这件事情会怎样，等等。经过这样的慎重考虑，基本就不会出现冒险行为了。然后，再勇敢地去做事，并勇于承担可能出现的一切结果。

当然，这并不是说我们不能去冒险，人是要有一点冒险精神的，而心理学研究表明，从出生开始，男孩体内的睾丸素分泌量就远远高于女孩，这些睾丸素使男孩体内产生了一种强烈的、寻求刺激的能量，而这些能量往往会通过两个渠道释放出来：一是冒险行为；二是创造行为。

只不过，冒险不等于玩命，不是莽撞蛮干，也不是不去考虑会出现什么后果，而应该是建立在科学预测、认真论证等基础上的冒险行为。也就是说，在做一些比较危险的事情之前，一定要做好预测，看看这件事情会带来怎样的危险，应该如何避免危险，从而以更安全的方式去冒险，这才是理智的行为。

不过，有些"险"是绝对不能冒的，比如，一些需要专业训练的活动，如野外探险、攀岩等，不能盲目去做，必须在专业人士的训练或陪同下去做；一些触犯法律的行为，如冒险去偷东西、冒险去抢劫等，是绝对不可以做的；还有就是电视上标有"专业表演，请勿模仿"字样的节目，对其内容一定不要去模仿。如果盲目冒险，受伤害最大的只能是你自己。

第八章　做勇敢的男孩，从优秀走向强大

不拉帮结伙，远离校园暴力

校园本应该是安静宁和之所，是学生们身心健康成长的地方，然而近年来各种校园暴力事件屡见不鲜，已经演变成了不得不引起重视的社会现象，其造成的不良社会影响深远而持久。

校园暴力的主要表现是，一些学生在校园里称王称霸，在同学之间拉帮结伙，成立小帮派，称大哥、做小弟，抢劫其他同学的财物，因一点儿小事而打架斗殴……他们以为这样做是男人的表现，是勇者所为，其实他们的行为已经超出了学校纪律和法律的界限。由于他们的认知能力不够，所以他们很容易在帮派"首领"的怂恿下，做出一些伤人伤己的事情，最后令自己追悔莫及。

在网络上以"校园暴力"为关键词进行搜索，立马就可以看到很多见诸报端的校园暴力事件：

2014年10月29日，湖北省孝感市一所中学内，一名高一男生马某与同班同学殷某、刘某、魏某发生纠纷，马某用水果刀将3人刺伤致死。为何会发生纠纷？据称是因为一名女生。

2014年12月2日，在江西省赣州市发生了一起校园暴力事件，初一学生小钟下晚自习骑车回家，不慎与同学发生了碰撞，两人起了口角，突然，同学拔刀相向，将一把15厘米长的尖刀从小钟左侧面部刺入，小钟险些丧命。

因为日常生活中的一些小矛盾、小摩擦而大打出手、拔刀相向，这样的情节发生在学生之间，确实有些超出人的想象。但是，在现实生活中，类似的校园暴力事件不时见诸报端，并有持续高发的趋势。

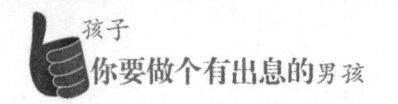

那么，校园暴力为什么会频频发生呢？

不学法、不懂法、不守法。

很多男孩不知道法律的相关规定，不知道暴力行为的危害性，不知道暴力行为所造成的严重后果，更不知道自己的行为会受到法律的严厉制裁，于是无所畏惧，想干什么就干什么。结果，不但伤害了他人，自己也受到了法律的制裁。

受社会不良风气、影视作品影响严重。

几乎每个男孩都有英雄主义情结，崇拜那些"以暴制暴"的强者，幻想自己也能像他们一样强大，因此有的男孩就会用暴力来显示自己的勇敢。还有的男孩崇尚所谓的江湖义气，拉帮结派，认为做老大可以一呼百应，是很威风的，信奉"为兄弟两肋插刀"的观念，如果有兄弟被欺负了，就是和整个团伙过不去，就不能坐视不管，因此集体出动，为兄弟报仇。而本身弱小的男孩则觉得找个"大哥"罩着自己才安全，殊不知这往往会令你在不知不觉中走进泥沼。

情绪不稳定，容易冲动。

在学习生活过程中，我们难免会和周围的人发生矛盾、误会，这时候，如果遇事不冷静，容易冲动，不懂得包容和谅解，不懂得如何处理矛盾与误会，就会出现校园暴力行为。

作为青少年，千万不要在同学之间拉帮结派，也不要搞小集团活动，而是要与所有同学都友好相处，就像一个大家庭一样，如此才能享受到校园生活的静谧和美好。同时，我们要学习相关的法律知识，凡是违反校规、法律的事情，坚决不去做。

当我们遭遇校园暴力的时候，一定要沉着冷静，不要去激怒对方，而是采取迂回战术，尽可能地拖延时间，可以从对方的言语中找到可插入的话题，缓解一下气氛，分散对方的注意力，同时获得信任，为自己争取逃脱的机会。如果对方是想要钱，那就先给他，要知道，人身安全是第一位的。

第八章 做勇敢的男孩，从优秀走向强大

有的男孩在遇到校园暴力时选择保持沉默、忍气吞声，因为害怕告诉别人后会遭到变本加厉的报复。但是，你要知道，如果所有人都选择沉默，那么学校暴力会愈演愈烈。还有的男孩向社会上的朋友、无业青年求助，想借助他们的力量替自己报仇，殊不知，这样只会让事情变得更复杂、更麻烦。正确的做法是及时向老师、学校求助，及时向警方求助，让自己免受校园暴力的伤害。

同时，我们也要提高自我保护意识，比如，平时上下学尽可能结伴而行，尽量不要一个人单独行动；交友要谨慎，不要与那些不良学生或社会上的无业青年接触，不去舞厅、游戏厅、网吧等娱乐场所；穿戴用品尽量低调，不要过于招摇，身上尽量不携带太多的财物；不贪图小便宜，不要与陌生人交换物品；等等。

当遇到矛盾、冲突的时候，一定不要太冲动或意气用事，不要试图用暴力来解决问题，而是要保持理智，保持冷静，学会忍耐，学会包容。如果很难压制住自己的怒火，就暂时离开一下，做一做深呼吸，让心情恢复平静。如果是自己做错了事情，要主动说一声"对不起"，如果是对方错了，要学会宽容、谅解。如此，就不会因为我们而引发校园暴力了。

◆ 第九章 ◆
责任的承担是男孩成长的开始

有一位学者曾经说：“责任的承担是成长的开始。”一个人愿意扛起责任的时候，其实受益最大的是他自己。因为，一个人勇于承担责任，他的能力就会越来越强，他就会得到更好的成长和历练。对于我们而言，更要承担起应有的责任，要坚信有责任感的男孩才能成大器。

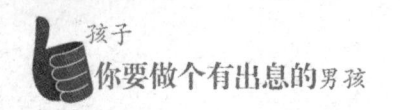

从小就培养自己的责任感

在这个社会上,每个人都扮演着不同的角色,而每个角色本身都意味着一种责任。父母有教养子女的责任,子女有赡养父母的责任,老师有教书育人的责任,学生有勤奋好学的责任,医生有救死扶伤的责任,军人有保家卫国的责任……

一个有责任感的人,会尽心尽力地扮演好自己的角色,做好自己分内的事情,无论遇到什么样的困难、挫折,他绝不会推卸责任、逃避责任,而是会勇敢地扛起责任。正是因为存在这样或那样的责任,我们才对自己的言谈举止有所约束,也正是因为担负着这样或那样的责任,我们才使自身更趋于完美。

然而,在现实生活中,很多男孩对人生的责任概念模糊,总觉得现在谈尽责之事还为时尚早,甚至认为责任是一个沉重的负担,所以缺乏基本的责任感,对周围的人和事表现得漠不关心,不求上进,好吃懒做,遇到困难和挫折的时候,不是迎难而上,而是"急流勇退"。

俄国著名作家列夫·托尔斯泰曾经说:"一个人若是没有热情,他将一事无成,而热情的基点正是责任心。"责任心是一个人立足社会、成大器最基本的人格品质,从某种程度上来说,责任心有多大,人生格局就有多大。

如果我们什么都不想去做,什么都不想去承担,那么时间和精力都被我们耗尽了,自己的能力也没有得到增长,我们走到哪里都只会给别人添麻烦,给人家带来负担。

比尔·盖茨曾经说:"人可以不伟大,但不可以没有责任心。"是啊!

第九章　责任的承担是男孩成长的开始

不是每个人都可以成为伟大的人，但是每个人都必须要有责任心。唯有这样，大到国家，小到家庭，才会和谐、安宁。

责任虽说不是甜美的字眼，但也绝非沉重的包袱。责任感是促使你奋发图强的干劲儿，是促使你战胜困难、挫折的强大精神力量。而你，作为男子汉，更需要有强烈的责任感，因为只有这样，才能获得更多的机会，长大后才能立足于社会，才能拥有成功的事业和幸福的家庭。我们要将"责任"二字印刻在灵魂深处，时刻鞭策自己做一个有责任感的人。

一个人是否有责任感，并非只体现在一些重大事件发生之时，也并非要去做一些惊天动地的事情才叫承担责任。事实上，日常生活中的点点滴滴，有很多需要我们去承担的责任。这看似琐碎的小事，更能反映出一个人是否有责任感。

对自己负责。

我们首先要对自己负责，这是其他一切责任的根源和出发点。平日里，我们要认真做好自己的事情，比如，整理书包，收拾被褥，打扫房间，独立完成老师布置的作业，洗衣服，餐后把餐盘放到回收处，等等。

对家庭负责。

作为家庭的一名成员，我们要承担起一定的家庭责任。我们要在力所能及的范围内，对家庭负责，比如，承担一些力所能及的家务活；招待来家里的客人，给客人端茶倒水，陪客人聊天；对于家里发生的一些事情，发表自己的想法和建议；代父母去缴纳电话费、水费、电费、燃气费、物业费等；如果条件允许的话，试着持家一星期或一个月；等等。

对班级负责。

在学校里，班上的事情要多承担、多付出，不要怕担责任。比如，认真做好老师或班长分配的任务，各尽所能，积极为班级争光；下课后，主动擦黑板，收拾讲桌；看到教室里有垃圾，及时清理；最后离开教室的时候，要关好门窗，关上灯；等等。

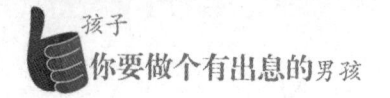

多向人请教。

有时候，我们虽然承担了某一方面或某几方面的责任，但是自己并不知道应该如何去做，那么我们就要多问，向父母、老师或有经验的同学请教，在请教的过程中，我们的知识、经验与能力都会得到不同程度的提升。

虽然有很多事情是我们不喜欢去做的，但是如果我们任性到只做自己喜欢做的事情，那么责任感和使命感就会随之消失。要知道，做好不愿意做的事情是一个人成熟的标志之一，更是一种责任。无论这件事情是不是自己喜欢做的，只要是分内的事情，就必须去做，并百分之百地投入其中，把事情做好。

在对自己、家庭、班级等尽责的过程中，我们会得到对"责任"的一种心理体验，这样的心理体验越多，责任感就越发强烈。

第九章 责任的承担是男孩成长的开始

不要为自己的各种错误找借口

每个人都会犯各种错误。尤其是对于成长中的男孩，犯错误几乎是家常便饭，是再正常不过的事情。只不过，很多男孩在犯了错误之后，或是出于对自己的一种保护，或是出于一种内心的逃避，总会找各种各样的借口为自己辩解，如"这事不该我管""不是我的问题，都是因为……"等，把借口当成敷衍别人、原谅自己的"挡箭牌"。

这无非是想掩盖自己的过失，求得别人的理解和原谅，实质上掩饰的是自己的懦弱，这是在推卸自己应该承担的责任。而借口从来就不是错误的"免责牌"，它不仅会让你原本怀有良知的心变得越来越麻木，还会让你陷入失败的深渊。

为错误找借口是很容易的事情，而且能让自己暂时逃避责任和义务，暂时甩掉包袱和负担，但殊不知这其实是"雨天背稻草——越背越重"。如果习惯了为自己的错误找借口，那么你的诚信度就会大打折扣，你不仅会被认为是一个不值得信任的人，还会变得缺乏进取精神，变得消极、颓废，不愿想办法改正错误，而错误就会越积越多，对你的负面影响也会越来越大，最终受伤害的还是你自己。

你们知道美国西点军校吗？它是美国第一所军事学校，培养了众多的美国军事人才，还培养和造就了众多的政治家、企业家、教育家和科学家。

西点军校有一个传统，就是士兵在回答军官问话的时候，只有4种标准答案："报告长官，是！""报告长官，不是！""报告长官，不知道！""报告长官，没有任何借口！"除此之外，士兵不能多说一个字。

如果军官问士兵："你觉得你把你的皮鞋擦亮了吗？"人的通常反应是为自己找个借口，如："报告长官，刚才排队时有人不小心踩到了我。"显然，这种回答不属于上面提到的4种标准答案，所以只能回答："报告长官，不是。"

美国西点军校之所以有这样的规定，是为了让士兵学会恪尽职责，把握每一分每一秒去争取完成任务，而不为自己的错误寻找任何借口，哪怕是那些看似合理的借口。这也许就是美国西点军校能够培养出优秀军事人才和商界精英的秘诀之一吧！因为，"没有借口"体现的是一种负责的态度，是一种完美的执行能力，而这正是一个人迈向成功应该具备的基本素质。

主动承认自己的错误而不是找借口推脱，勇于承担全部责任而不是推卸到别人的身上，这样可以激起我们无比的勇气和毅力，促使自己全力以赴地做好每一件事情，获得更多的发展机会和空间。

如果用借口掩盖自己的错误，就好比是用干净的衣服遮住身上的伤口，表面上看着挺好的，实际上伤口已经慢慢恶化了，而带给我们的将会是更大的痛苦。那我们倒不如现在就勇敢地面对它，为它"疗伤"。所以，面对错误，我们不要为之找借口，而是勇敢地说："这是我的错。"

比尔·盖茨说过这样一段话："许多人在犯了错误时，心里总是不知所措，盘算着是否应该把事实隐瞒。其实，犯错也是工作经验，勇于承认，更是鞭策自己的方法之一。"没错，如果一个人能够坦诚地面对和承担自己的错误，有勇气去改正错误，不仅能够弥补错误所带来的后果，还可以有效利用错误的价值，从错误中吸取经验教训，不犯同样或类似的错误。

有人曾经根据能否有效利用错误的价值把人分为以下四类：

第一类：不能从错误中吸取教训，总是犯相同的错误，这样的人不可救药。

第二类：虽然能从错误中吸取教训，不会犯同样的错误，但是由于不能从错误中发现规律性的东西，所以总是犯不同的错误，这样的人难以救药。

第三类：能够总结自身错误的教训和规律，由于只能从自身的错误中进行总结，所以虽然不会犯与自身相同的错误，但是却容易犯别人犯过的错误，这样的人比第二类人高出一等。

第四类：既不犯自己犯过的错误，又不犯别人犯过的错误，这样的人最善于利用错误的价值。

那么，你要成为第几类人呢？当然是第四类了。我们不仅要善于从自身的错误中吸取教训，还要善于从别人的错误中吸取教训。面对别人的错误，我们要有一个正确的态度，即"有则改，无则警"，如果自己也曾犯过类似的错误，就赶紧改正，如果没有的话，也要把它当成一种警示，时刻提醒自己不要犯这样的错误，同时也要想办法避免犯这样的错误。如此，我们就不会重蹈自己和别人的覆辙了，就会少走一些弯路。

总之，我们与其花时间、耗精力为自己的错误找借口，倒不如花同样的时间和精力去改正错误，努力弥补错误。你说是不是这样呢？

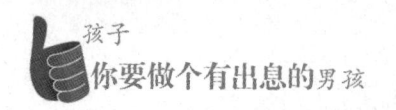

自己承担过失，自己"埋单"

人非圣贤，孰能无过。不可否认，每个人都难免会有过失。不过，每个人面对过失的态度却是截然不同的。有的人勇于承担自己的过失，并竭尽全力去弥补过失；有的人为了逃避责任，就会极力掩饰自己的过失，或是让父母替自己"埋单"。

那么，你是属于前者还是后者呢？要知道，对待过失的不同态度，将决定不同的人生。因为，无论是怎样的过失，对自己来说都是一次成长和历练。如果你能够勇敢地承担过失，为自己的过失"埋单"，并为改正错误而付出努力，积累教训经验，那么你就是成功者；如果你逃避责任，为自己的过失找借口，或者是让父母为自己的过失"埋单"，那么你就是失败者。

你知道吗？如果我们总是让父母替我们"埋单"，表面上看似是父母在帮助我们"免责"，实际上却会让我们变成一个毫无责任感的人。因为，这样做会给我们一种心理暗示：我才不怕有什么过失呢，反正都会有人替我"埋单"。想想这样的后果是多么可怕啊！当一个人无耻于自己的过失，那么他将什么事情都做得出来。

有句古话："好汉做事好汉当。"作为一个男子汉，我们要敢作敢当，无论是因为什么原因而造成的过失，都不要推卸责任，而是勇于承担，提醒自己"这是我的事情，我要为自己的过失'埋单'"。如此，我们才会"吃一堑，长一智"，不再犯类似的错误，才能增长一份见识，由此走向成熟。

日本著名的文化人类学学者高桥敷在他的著作《丑陋的日本人》一书

第九章 责任的承担是男孩成长的开始

中,讲述了这样一个故事:

当年,高桥敷在秘鲁的一所大学任客座教授,与一对美国夫妇做邻居,这对美国夫妇有一个七八岁的男孩,男孩经常在家门前的草坪上踢球。某一天,男孩在踢球时不小心把高桥敷家的一块玻璃打碎了。高桥敷以为那对美国夫妇一定会登门赔礼道歉,结果,那对美国夫妇根本就没有出面。

第二天一大早,那个男孩在出租车司机的帮助下,给高桥敷送来了一块玻璃,态度诚恳地对高桥敷说:"对不起,先生,昨天我不小心把您家的玻璃打碎了,因为那时店铺都已经关门了,所以没能及时赔偿。今天店铺一开门,我就去买了这块玻璃。真是对不起!请您一定要收下它,也希望您能原谅我的过失。以后再也不会发生这种事情了,还请您相信我。"

看到男孩这么懂事,高桥敷不但没有责怪他,反而更喜欢他了。高桥敷把他请进屋里,让他在家吃了早饭,临走前还送给他一袋糖果。

高桥敷原以为这件事情就此画上句号了。没想到,那对美国夫妇却来到了高桥敷家里,把那袋还没有开封的糖果还给了他,并解释道:"孩子在闯了祸的时候应该受到惩罚,如果您给了他糖果,他就会认为自己没有做错,甚至会误以为糖果是一种奖励。所以,我们要把糖果给您送回来,谢谢您对孩子的大度和喜爱。"高桥敷从美国夫妇那里得知,男孩为了赔偿这块玻璃,几乎花掉了自己存折上的所有零花钱。

如果你是故事中的那个男孩,你会如何去做?是像他一样为自己的过失"埋单",还是求助于父母,让父母出面,由父母替你"埋单"?不管你以前会怎样选择,从现在开始,你要选择前者,学着为自己的过失"埋单"。

如果我们需要用金钱来赔偿对方的话,要先用自己的零花钱,如果钱不够的话,可以考虑向父母借钱,但是必须有还款计划,比如,节省自己的零花钱,利用节假日的时间打零工,等等。要知道,只有付出这种代价之后,你才能懂得什么叫责任,才能接受这个宝贵的人生教训。

《左传·宣公二年》中写道:"人谁无过,过而能改,善莫大焉。"可

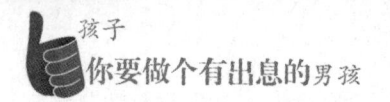

见，改过是最大的善。《了凡四训》中记载着这样一句话："今欲获福而远祸，未论行善，先须改过。"一个人要想获得福报，远离灾祸，不要先想着如何行善，而是要先改正自己的过失。我们不仅要为自己的过失"埋单"，还要想办法改正过失，让自己得到真正的成长。

　　打个比方，有的男孩爱说谎，可能会因说谎而犯下错误，这时候，他不仅要承担过失所带来的后果，还要下定决心改正爱说谎的坏习惯，比如，每当想说谎的时候，就提醒自己"凡出言，信为先"，然后马上打消说谎的念头。

　　从某种意义上来讲，我们的成长就是不断减少犯错的过程。要知道，过失可以教给我们的道理是在任何地方都不可能学到的，而从中悟出的道理也比直接听到的要深刻得多。正是在不断犯错和改错的过程中，我们才从无知变为有知，从幼稚走向成熟。

懂得遵守社会公德，才会更有担当

先来看一下曾经的报道：

在法国圣母殿，进门的地方写了一行中国字——请勿大声喧哗！

在泰国皇宫，厕所里面写了一行中国字——便后请冲厕！

在美国珍珠港，垃圾桶上面写了一行中国字——请把垃圾丢在此！

你知道为什么要写中国字吗？因为，这是写给中国人看的。中国有五千年文明历史，素有礼仪之邦，但是很多中国人连最基本的社会公德都做不到。

社会公德，是人们在社会交往和公共生活中应该遵守的行为准则，是一个社会的灵魂，是做人最起码的道德底线，也是每个人应尽的社会义务。社会公德的好坏，直接关系着社会是否稳定团结、公民素质高低、生活是否和谐安定。如果一个人没有社会公德意识，不只让父母蒙羞，同样让国家蒙羞。

你可能会说，我们都没有去过国外，上面的事情不会发生在自己身上。那么，你有没有在公共场所大喊大叫？有没有在上下车的时候不讲秩序？有没有在外出游玩时乱扔垃圾，甚至在景区建筑物上写下"××到此一游"？试想一下，如果我们每个人都缺失社会公德，那么这个社会将会变成什么样子？

举个最普通的事例，任何一个黄金周，任何一个旅游景点，任何一场演唱会、大型活动之后，几乎都是垃圾遍地。这就是社会公德心的普遍缺乏的表现。我们在家里能做到不乱扔垃圾，为何走出家门后就不能做到了呢？还有，如果别人不尊重我们的劳动成果，我们就会感到愤愤不平，那

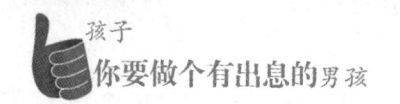

么为什么环卫工人的辛勤劳动就可以不被尊重呢?要知道,就是随手乱扔垃圾这一个动作,不仅污染了环境,还给他人带来了不便,尤其是践踏了辛勤工作的环卫工人的劳动成果。

中国入世首席谈判代表、原国家外经贸部副部长龙永图曾经在中央电视台"实话实说"栏目中讲述了一个令他感慨万分的故事:

有一次,龙永图到瑞士访问,在一个公共洗手间里,他听到隔壁一直有一种奇怪的响声。由于响声持续时间很长,不免引起了他的好奇心。于是,他透过小门的缝隙向里面望去,看到一个只有七八岁的男孩正在修理马桶的冲刷设备。原来,那个男孩上完厕所之后,由于冲刷设备出了问题,导致他没有把脏东西冲下去。于是,他就一个人蹲在那里,想尽一切办法修理那个冲刷设备。

一个只有七八岁的男孩,竟有如此强烈的责任心,不得不令人佩服。

如果这件事情发生在你身上,你又会怎么做?这个问题值得我们深思。我们是否能够像那个男孩一样遵守社会公德呢?作为跨世纪的一代人,我们应该具有强烈的社会责任感,做一个遵守社会公德的好少年。

在日常生活的方方面面,我们都要遵守社会公德。具体内容如下:

在人与人的相处中,要举止文明,以礼相待,比如,见到老师、长辈要主动问好;自觉使用"请""您好""谢谢""对不起""再见"等礼貌用语;向他人请教问题态度要诚恳;自觉杜绝说脏话;不随便猜疑或欺骗他人;不嘲笑、讥讽他人;不给他人起绰号;不歧视身体残疾的人;等等。还有,人与人之间要团结友爱,看到他人遇到了困难,要主动伸出援助之手,以助人为乐。

出行的时候,要遵守交通规则,比如,过马路时要左右看,不闯红灯,要走斑马线,不要跨越马路中间的栏杆;骑自行车要走自行车道;乘公交车要先下后上,排队上下车,勿争先恐后,勿争抢座位,懂得给老爷爷老奶奶让座;等等。

在公共场所,要自觉遵守各种规章制度和纪律,比如,排队买票;不乱闯办公场所;不大声喧哗;不乱扔垃圾,不随地吐痰;不破坏花草树

第九章 责任的承担是男孩成长的开始

木,不践踏草坪;爱护公共设施,保护名胜古迹,不乱涂乱画;等等。

我们要按照上面所写的要求去做,规范自己平日的言行举止,做一个举止文明、遵纪守法的好公民。如此,你会看到,自己的言行举止会给周围的人和自己带来便利,无论你走到哪里都会受到欢迎,都会带给大家美好的感受。

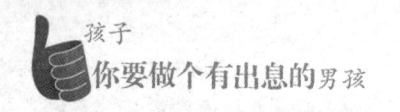

积极参与各种社会实践活动

俗话说："实践出真知。"很多结论、道理、生活常识、社会经验等，都需要通过实践得以验证。一个人无论获得何种能力，都离不开多想、多做的实践活动。通过实践，我们能更深入地理解所学的知识，还有利于将所学的知识转化为自己的经验，而这比老师传授更为直观、更为受用。

社会实践活动，是一种特殊的教育活动，也是课堂教学的延伸。社会实践活动就像一个发挥自我才能、展现自我风采的舞台，不仅有利于培养和锻炼我们各方面的能力，还有助于拓宽我们的视野，学习很多书本上学不到的知识，掌握在学校学不到的技能，同时也缩短了理论与实践的距离。

此外，通过参加社会实践活动，我们还可以培养克服困难的勇气和毅力，养成吃苦耐劳的好习惯，增强历史使命感和社会责任感，成为一个对社会有用的人才。所以，我们要积极参与各种社会实践活动，认真对待每一项实践活动。

以下这些社会实践活动值得一试。

志愿者服务。

志愿者服务包含着深刻的互助精神，提倡与人为善、互相帮助、平等尊重。志愿者服务的形式多种多样：到孤儿院、敬老院做义工，给小孩和老人洗头、洗脚、剪指甲，陪老人们聊天解闷，给他们表演节目，和他们一起做游戏，给他们带去欢声笑语；到某公益组织做义工，协助做一些自己力所能及的事情，如维持现场秩序、整理会场、提供服务等；在某小区或某公园进行环保活动，或是捡垃圾，或是宣传环保知识；在十字路口协

第九章　责任的承担是男孩成长的开始

助交警维护交通秩序，在车站、地铁站、火车站协助工作人员维持秩序；和环卫工人一起打扫卫生；到社区图书室，帮助工作人员整理图书，将所有图书按照不同类别进行分类，以便查阅；等等。

这种社会实践活动参与性极强，往往效果比较好。不过，很多志愿者服务呈现出"偶尔冲动性""运动式"的特点，就是平时见不到，到了节假日的时候扎堆。比如，到了重阳节的时候，会有不同团队的志愿者来到同一家养老院，据新闻报道，重阳节当天老人被洗了7次脚，而这只是节日志愿服务献爱心扎堆现象的一个缩影。

我们的初衷，是想给老人们献上一份爱心，让他们得到温暖。只不过，做志愿服务时更多的是处于自身意愿，没有真正考虑服务对象的想法和需求。如果我们只是在节日的时候扎堆献爱心，不仅会让老人们感到疲劳，还容易让他们产生"人走茶凉"的孤独感，因为他们知道，这样的服务只能等到下一个节日了。要想真正给老人们带去温暖与欢乐，我们应该尽量避免节日扎堆，而是把活动平均一下，每个月都去探望一下老人们。

便民服务。

在一些小区门口，设有便民服务站，给附近居民提供优质的服务，我们就可以利用节假日的时间，到便民服务站做一天义工，做一些力所能及的事情，比如，免费提供打气筒，帮忙给自行车打气；给路人指路；帮助居民联系家政服务、家电维修等；到孤寡老人家打扫房间，陪老人说话聊天；开展安全出行、保护环境等宣传活动；等等。在便民服务的过程中，我们能够体会到快乐与充实。

到工厂、单位参观学习。

如果有机会的话，我们可以到一些感兴趣的工厂、单位进行参观学习。举个例子，衣服是生活中不可缺少的生活必需品，可是我们知道一件衣服是怎么做成的吗？想知道的话，我们就可以走进服装厂一探究竟，在这里，我们可以亲眼看到衣服的制作流程，一件衣服大约经过几道工序。通过这样的实践活动，我们不仅可以亲身体会到叔叔阿姨们工作的辛苦，

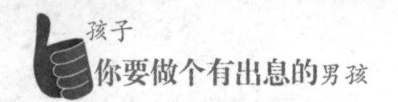

还可以明白工作的真正含义，为将来走向社会做好铺垫。

社会调查。

我们可以根据自己感兴趣的课题，开展社会调查活动。在开展调查之前，一定要明确调查方案，即调查的目的、内容及安排，并根据调查内容设计细致的问卷，选择抽样方案，然后实施具体安排，最后汇总数据，得出结论。比如，对周围同学进行一次关于"压岁钱"的问卷调查，询问以下几个问题："压岁钱的来源""压岁钱的形式""你希望得到多少压岁钱""压岁钱由谁支配""压岁钱是如何使用的"等，然后根据汇总调查的数据，得出一个总的结论。

无论是培养德智体美劳全面发展的好学生，还是培养创新型人才，社会实践活动都是人生的必修课。当然，社会实践活动丰富多样，不只以上几种，我们可以针对实际情况，选择不同的实践活动，以锻炼自身的综合能力，锤炼出适应社会需要的本领，做一个有社会责任感的栋梁之材。

第九章 责任的承担是男孩成长的开始

树立远大的理想，富有使命感

你有什么理想？如果是小时候，你肯定会郑重其事地说出各具特色的理想，比如，长大后要当一名警察；拥有一座属于自己的马场；长大后要成为一名公交车司机；等等。然而，随着慢慢长大，我们再面对这个问题时，却可能会有些犹豫，甚至说不出有什么理想。有的男孩觉得"理想"太过于虚无缥缈了，似乎已经不再关心这虚幻之中的理想了。可以说，大多数男孩的理想被现实淹没了。

事实上，理想并非幻想，也不是空想，而是对未来事物的合理设想或希望，是有根据的、合理的。理想对于我们来说是很具体的，那就是将来希望成为一个什么样的人，希望从事什么样的职业。通俗地说，理想就是人生道路上的奋斗目标。

当然，我们树立远大的人生理想，其意义并不只在于希望将来成为什么样的人、从事何种职业，更在于给自己播撒一粒希望的种子，无论做什么事情，都有动力和热忱，会奋力前进、锲而不舍，直到实现自己的理想。

往小处说，我们有理想、有使命感，就更易于实现自己的人生价值，开创属于自己的一片天地；往大处说，青年一代有理想、有使命感，国家就有前途，民族就有希望。

一提到周恩来的名字，人们都会肃然起敬、心向往之。他在上小学的时候，和同学参观了日俄战争的遗址，在得知战争的经过及当时的悲惨情景时，他那颗激动的心久久不能平复，他深深地感悟到了"国家兴亡，匹夫有责"的道理。

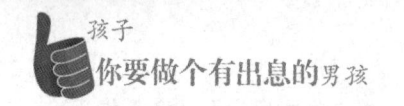

有一天，魏校长亲自给学生上修身课，主讲怎样立志。当他讲到精彩之处的时候，突然停下来，问学生："你们为什么而读书呢？"

没有一个学生举手回答，魏校长走下讲台，指着学生一个个问，第一个同学说是为光宗耀祖而读书，第二个同学说是为明礼而读书，第三个同学说是为父亲而读书……对于这些回答，魏校长并不满意，然后把目光转向周恩来，问道："你是为什么而读书呢？"

周恩来从座位上站起来，庄严而响亮地说："为中华之崛起而读书！"

魏校长赞许地点点头，示意让周恩来坐下，对同学们说："一个有志向的青年，都应该向周恩来学习。"

从此之后，"为中华之崛起而读书"的理想一直渗透在周恩来的一生之中。在这样远大理想的激励和指引下，他最终成为人人敬仰的好总理，为新中国的建立、祖国的富强做出了不可磨灭的贡献。

诚然，一个有远大理想的人远比没有理想的人更易取得成功。要知道，没有理想的人生是无所作为的人生，没有理想的生命就如同行尸走肉一般。因为，如果一个人没有一个远大的理想，将会失去前进的方向和动力，只能浑浑噩噩地度日，这是对自己的不负责，更别提有什么使命感了。

作为青少年，我们一定要树立一个远大的理想。

在阿尔卑斯山的入口处，写着这样的警语："认识你自己"。我们在树立理想的时候，要有自知之明，通过自我参照、自我反省的方式认识自己，看到自身的优势和潜能，从而找到理想与兴趣爱好的最佳结合点，这样才能扬长避短，慢慢实现自己的理想。

平日里，我们也要经常和一些优秀人士接触，比如，与品行、学习等方面表现优异的同龄人接触；听一些有意义的讲座；有机会去拜访一些有所建树、有所作为的人；多读一些成功人物的故事或传记；等等。同时，我们也要多读一些诸如《弟子规》《三字经》《大学》《论语》之类的中华传统经典。

在优秀人士、传统经典潜移默化的影响下，我们要主动向他们学习，

第九章 责任的承担是男孩成长的开始

吸取其中的精神力量,从而树立自己的人生理想。同时,这些优秀人士的事迹,也将会促进我们实现远大的理想。

作家韩寒说过一句话:"梦里走了许多路,醒来还是在温暖的床上。"这句话形象地告诉我们一个道理:人不能活在梦幻式的理想中。想想看,在我们身边有多少活在梦幻式的理想中的人?他们虽然树立了远大的人生理想,但是脆弱的意志、浮躁的心理、懒惰的行为让他们成了嘴巴上的强者、行动上的弱者。

理想,虽然有一个"想"字,但这并不只是想想就算了的事情,光有理想是不够的,要想把美好的理想转化为现实,就必须付诸行动,拿出足够的决心和毅力,脚踏实地地走好每一步,否则理想将会变成空想或妄想。因为,理想就犹如一粒种子,需要我们去播种、去耕耘,如此方能收获。

有了远大的人生理想,我们的行动才不会盲目,人生才不会迷失方向。同样的,有了坚定的行动,我们的理想才不会成为幻想,人生才不会虚无缥缈。在实现理想的过程中,切记不要好高骛远,不要妄想一步登天,也不要妄想守株待兔,而是要从最基础的事情做起,从现阶段的水平开始努力,脚踏实地的努力要远远好过无谓的空想。

要实现理想,不可能是一帆风顺的,必定会遭受挫折、失败,因为世界上任何事情都不是一蹴而就的。不过,我们要坚信,对于有志之士来说,挫折与失败只是前进道路中的小插曲,它只能"增益其所不能"。所以,我们要以一种顽强的毅力去战胜挫折,以一种坚忍不拔的精神去面对失败。如此,我们才会到达理想的彼岸。

第十章
好习惯让男孩终身受益

播下一种行为,收获一种习惯;播下一种习惯,收获一种性格;播下一种性格,收获一种命运。可见,习惯对于人之命运的重要性,养成良好的习惯将会使人终身受益。习惯并非与生俱来的,而是在幼年时养成的,正如孔子说的,"少年若天性,习惯如自然"。所以,我们要尽早养成好习惯。

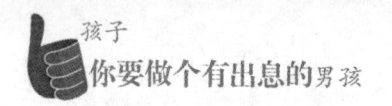

每天都要给他人一个笑脸

今天，你微笑了吗？

微笑是世界上最美丽的行为语言，它不分国界，不分种族，胜过任何一种语言，虽然无声，但是最能打动人。恐怕世界上没有人不喜欢微笑，因为微笑犹如一道美丽的弧线，能给人带去温暖与爱意。正如法国文学家雨果曾经说过的："笑，就是阳光，它能消除人们脸上的冬色。"

同时，微笑是人际关系的"润滑剂"，是走进心灵的"绿色通道"。经常给他人一个笑脸，可以让对方感受到一份浓浓的暖意，拉近彼此之间的距离，跨越人与人心灵的沟沟坎坎，为你赢得一个好人缘。当微笑成为你脸上最常见的表情时，那么你在人际交往方面将所向披靡。

然而，却有越来越多的男孩吝啬自己的微笑，总是故作深沉，故意摆出一副酷酷的姿态，认为这样才能吸引他人的注意，尤其是吸引女生的注意。但事实上呢？装酷虽然能吸引一些人的目光，但这种目光的停留是很短暂的，毕竟没有人喜欢冷冰冰的人，大家都喜欢那种爱笑的、性格开朗的人。

当我们给他人一个笑脸时，即便对方是个陌生人，他也会用微笑加以回报。这时，我们心中的喜悦是难以言表的，这种好心情会让我们一天都过得很开心，做任何事情，都觉得很顺利，即使遇到困难，也会积极地想办法解决。

可以说，微笑有一种很特殊的魔力，不仅会让你的心情变好，还会拉近你与周围人的关系。而微笑的魔力还不仅仅如此，无论是多么复杂的场面，只要微笑面对，就能战胜一切。

第十章　好习惯让男孩终身受益

有这样一个故事：

1919年，康拉德·希尔顿开始雄心勃勃地投资酒店业。当他的酒店增值到几千万美元的时候，他欣喜而自豪地把这个好消息告诉了母亲，母亲淡然地说："我看，你跟之前没什么两样，你必须把握比5 100万美元更值钱的东西，除了对顾客诚实之外，还要想办法让住过你酒店的人还想再来住，你要想出这样一种简单、不花本钱而行之有效的办法来吸引顾客。唯有这样，你的酒店才有前途。"

母亲的话让希尔顿陷入了沉思之中，他想了许久，始终没有找到吸引顾客的好方法。于是，他便经常以顾客的身份到酒店参观。最终，他找到了母亲所说的"简单、不花本钱而行之有效"的方法，就是"微笑服务"。

随后，希尔顿在酒店内推行"微笑服务"，要求每一位员工，无论多么辛苦，都要对顾客报以微笑，即使在受到经济萧条的负面影响之时，也不要忘记对顾客微笑。每天，希尔顿都会问员工："今天你对顾客微笑了没有？"为了让微笑深入每一个员工的内心，他要求员工每天上班的第一件事情就是集体唱微笑歌，包括他在内。而这成了希尔顿酒店最独特的经营策略。

在经济最萧条的时期，很多酒店纷纷倒闭，希尔顿酒店却凭借着微笑服务，一路挺了过来。在经济复苏之后，希尔顿酒店顺利进入了黄金时期，成为世界上最优秀的连锁酒店之一，而希尔顿也成为美国最大的连锁酒店。

想想看，我们去一家商店买东西，店员笑脸相迎，我们会怎样？心情自然会很好，而且以后还会经常光顾这里。相反，如果店员摆出一副冷冰冰的脸呢？我们的心情很可能会受到影响，变得糟糕，以后再也不愿意光顾这家店了。

同样，我们每天给他人一个笑脸，对方就会觉得和我们在一起很舒服，愿意和我们交往。而且，微笑是一种十分神奇的"传染病"，我们对他人微笑，他人也会向我们微笑。

其实，微笑很简单，只要我们是发自内心地笑，留给对方的感觉就是

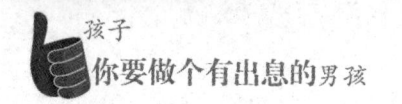

真诚的、迷人的。如果你平时不是一个爱笑的人，没关系，通过一定的训练，也能让微笑经常挂在你的脸上，照样能够打动他人。

最简单的方法，就是对着镜子练习微笑。我们每天都要抽出一定的时间，端坐在镜子前面，保持轻松愉快的心情，调整呼吸，静心一分钟，开始对着镜子微笑：放松面部肌肉，双唇轻闭，嘴角微微上扬，嘴唇略微呈弧形，注意眼神的配合，使眼睛、面部肌肉、口型等和谐自然。如此反复，一定会拥有迷人的微笑。

在练习的过程中，我们还可以回忆自己过去那些美好的、令人喜悦的情景，也可以发挥想象力，展望美好的未来，使这种情绪袭上心头，唤起那惬意的微笑，使微笑源自内心，有感而发。

为了让自己养成微笑的好习惯，我们可以在镜子、床头、书桌上、铅笔盒上都贴上一张标签纸或小卡片，上面写着"微笑"或英文"smile"，也可以画个笑脸，时刻提醒自己要保持微笑。坚持一段时间之后，相信你会改变很多，也会收获很多。

第十章　好习惯让男孩终身受益

做事一定要注重细节

古人云："一屋不扫何以扫天下。"任何一件大事都是由一件件小事积累而成的，都是由细节组成的。就好比一台机器，是由若干个零件和螺丝钉组成的。想让机器正常地运转，所有的零件和螺丝钉一个都不能缺少，任何一个零件、螺丝钉的缺失或损坏，都可能导致机器的瘫痪。

细节虽然不起眼，但往往是决定成败的关键。其实，我们只要留心观察一下就会发现，但凡事业有所成就的人，做事都非常认真、严谨，从不放过任何一个细节。正如托尔斯泰曾经说过的："个人的价值不是以数量而是以他的深度来衡量的，成功者的共同点就是能做小事情，能够抓住生活中的一些细节。"

然而，在现实生活中，细节却很容易被我们忽视。我们总是追求过高过远的目标，认为只有宏图大业才算是真正的大事，而那些小细节根本不值得关注。结果，很可能会有一大堆小事给你带来一连串的麻烦，更别提成就大事了。所以，古代著名思想家老子说："天下难事，必作于易；天下大事，必作于细。"

你知道吗？很多时候，小小的疏忽可能会发展成大漏洞，很多当时看起来不起眼的小细节最终却破坏了大局。

在西方有一个流传甚广的故事：

1485年，英国国王理查三世与兰开斯特家族的亨利准备决一死战，这场战争将决定由谁来统治英国。

战争打响之前，理查派马夫装备自己最喜欢的战马。马夫发现马掌没有了，便对铁匠说："快点给这匹马钉好马蹄铁，国王希望骑着它打

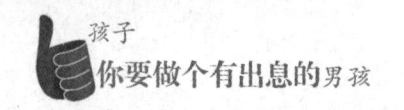

头阵。"

铁匠说:"你得等一等,我前几天给所有战马都钉了马蹄铁,铁片已经用完了,我得多找点铁片来。"

"快点,我等不及了。"马夫不耐烦地大喊道。

铁匠埋头干活,很快就做好了四个马蹄铁,把它们固定在马蹄上,然后开始钉钉子。结果,只钉了三个马蹄铁,就没有钉子来钉第四个马蹄铁了。

铁匠说:"我还需要一点儿时间砸几个钉子。"

"我已经告诉过你了,我等不及了。"马夫急切地说。

"没有钉子,我也能把马蹄铁钉上,但是不能像另外几个那么牢固。"

"那到底能不能挂住呢?"

"应该能,但是我没有十足的把握。"

"就这样吧,快点,要不然国王会怪罪我的。"

于是,铁匠凑合着钉上了马蹄铁。

很快,两军交锋,理查国王冲锋陷阵,鞭策士兵迎战敌军。突然,理查所驾战马的一个马蹄铁掉了,战马摔倒在地,理查也从马背上摔了下来。士兵们纷纷转身撤退,亨利的士兵俘获了理查。理查挥舞着宝剑,大喊道:"一匹战马,我的整个国家倾覆就因为这一匹战马。"

于是就有了一句英国谚语:"失了一颗马蹄钉,丢了一个马蹄铁;丢了一个马蹄铁,折了一匹战马;折了一匹战马,损了一位国王;损了一位国王,输了一场战争;输了一场战争,亡了一个帝国。"可以说,所有的损失都因为一个小小的马蹄钉,一个国家就这样亡于一个细节。

其实,在我们生活中也有很多这样的"马蹄钉",如果我们忽视它的存在,那么它就会忽视我们,最终可能导致我们付出更大的代价;如果我们重视它,那么它就会帮助我们,为我们铺垫成功的道路。

举个最简单的例子,我们所学的每一门学科都是由很多知识点构成的,由点形成线,由线形成知识体系。如果我们没有掌握好每一个知识点,那么就很难形成完整的知识体系,就会留下一些知识盲点,会给接下来的学习造成困难，在考试中也会因此造成很多的过失性失分。

其实，不仅是学习，对于做事也是如此，都离不开细节的积累，只有把手头上的每一件小事、每一个细节做到完美，才有可能做成大事。记住，把每一件简单的事情做好，就是不简单；把每一件平凡的事情做好，就是不平凡。

在做事的过程中关注细节，反映的是一种认真负责、一丝不苟、善始善终的精神修养，久而久之，形成习惯，定会给你带来巨大的收益。所以，我们必须改变心浮气躁、好高骛远的坏毛病，不要老想着做大事，而是要注重细节，把大事做细，把小事做好。

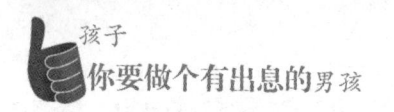

每天都早睡早起，作息有常

你有"起床气"吗？我们大多都有这样的经历：晚上不想睡，一直折腾到很晚才睡，早晨又起不来，闹钟响了再关上，父母叫了就假装没听到，直到最后非得起床了，才恋恋不舍地从被窝里爬起来，有时候醒来后还会发牢骚，甚至对父母发脾气。

其实，所谓"起床气"，完全是由于睡眠不足造成的身体不适引起的暴躁情绪。通常来说，只要早睡，睡得饱，睡眠质量好，醒来时就会精神十足。而如果睡眠不足，自然就会情绪不佳。那么，如何才能把这"起床气"给收起来呢？预防"起床气"的最佳办法，就是作息有规律，每天早睡早起，拥有充足的睡眠。

古人提到养身三大事：一睡眠，二便利（大便畅通、有规律），三饮食。可见睡眠对于身体的重要性。我们都知道，一年之计在于春，一日之计在于晨。我们养成早睡早起的好习惯，就会神清气爽、心情舒畅，并有充沛的精力去积极主动地学习、生活。反之，就会浪费清晨的大好时光，也会慢慢消磨你的斗志。

曾国藩先生曾经告诫他的子弟：看一个家族是否兴盛，首先就要看他的后代子孙睡到几点起床，如果每天睡到太阳都已经升得很高了才起床，那就说明这个家族会慢慢走向落败。大家可能会有这样的疑问：一个人的起床问题怎么会与家族的兴盛有这么大的关系呢？

其实，曾国藩先生的话是有道理的，从子孙起床这样一个行为就可以看出来，他是否勤奋，是否有斗志。如果不能按时起床，就会浪费清晨的宝贵时光，消磨斗志，助长惰性，自然就很难经营好一个家庭，也不会使

第十章 好习惯让男孩终身受益

家族兴盛。

古人早就告诫过我们，起居要符合自然规律，日出而作，日落而息。人需要通过有规律的作息休养生息、补充能量。因为，作息有规律可以促进人体的新陈代谢，使人精力充沛，不仅利于身心健康，还利于生活学习。

那么，我们首先要保持充足的睡眠时间。最佳睡眠时间是23点至2点，这段时间被称为"睡眠黄金三小时"。进入23点，人体的各个器官就开始修护排毒。人体必须达到深度睡眠的状态。通常情况下，人不是一睡着就能进入深睡眠的，而是有个过渡期，一般是1小时左右，所以21点到22点上床睡觉最好，这样就可以为深度睡眠做好准备了。

虽然熬夜伤身是众所皆知的事情，但是有的男孩自制力较差，难以抵御夜间兴奋活动的诱惑，如在夜间上网、玩游戏、看电视等，导致睡得过晚。有的男孩以为，晚上少睡，白天可以补补觉就可以了。这种想法是错误的，白天和晚上的睡眠质量是大不相同的，白天睡再长时间的觉，都无法弥补晚上的睡眠不足。所以，我们应该保持早睡、有规律的睡眠习惯。

每晚21点左右的时候，我们就要做好睡前准备工作，营造一个宁静、温馨、舒适的就寝环境。比如，可以到阳台上呼吸一下新鲜空气，做一做深呼吸，让身心放松；可以在房间播放一些节奏缓和、旋律优美的古典音乐，缓解精神紧张；或者是用温水泡脚，缓解疲劳；等等。还有几点需要注意的是，睡前不要吃夜宵，不要喝浓茶、咖啡、可乐等饮料，不要看电视、玩游戏。

最利于健康的睡眠姿势是右侧卧，就是身体向右侧，两腿稍微弯曲，全身呈弓状，正如古人所说的"右卧如弓"。右侧卧的睡眠姿势，心脏不受压迫，可使全身肌肉得到最大限度的放松，有利于消除疲劳。

只要我们能保证充足的睡眠时间，一般早晨都会按时起床，而不会出现"起床气"。如果起床还是有些困难的话，不妨在以下这方面下点功夫，比如，早晨醒来先闭目养神两三分钟，然后放点轻音乐，你的情绪就会随着音乐好起来；事先安排好自己喜欢做的事情，那么你会在迫不及待想要

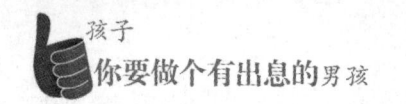

做事的动力下醒来；等等。这些方法可能对你有帮助，试试看吧。

只要我们养成了有规律的作息习惯，我们就可以形成生物钟，一到某个时刻就会产生睡意从而顺利进入梦乡，也会轻松愉快地在某个时刻醒来。

不过，有的男孩平时上学时作息很有规律，但是一放假，就像一匹脱了缰的野马，晚上玩到很晚才睡觉，一觉睡到中午。一旦生活节奏出现了紊乱，生物钟就会被破坏，自然就无法真正养成作息有常的好习惯。

所以，无论是上学的时候，还是放假了，都要早睡早起，按照作息时间合理安排，没有特殊情况不能轻易变动。

培养卫生习惯，干干净净每一天

讲究卫生，看似是一件微不足道的小事，但是往往反映了我们的外在形象和精神面貌。一个爱讲卫生的男孩，会给人一种干净、利索、积极向上的印象；而一个不爱讲卫生的男孩，则只会给人一种邋里邋遢、慵懒、颓废的印象。

当然，对于我们而言，保持良好的卫生习惯，不仅是为了给他人留下一个干净、美好的印象，更重要的是为了给自己一个健康的体魄。

然而，很多男孩不注重讲究卫生，觉得每天早晚刷牙麻烦，好几天也不洗一次脚，袜子脏了就扔在一边，要是走进集体宿舍，卫生情况更是惨不忍睹，桌子上书本、零食，一片狼藉，床单、被套已经看不出本来的颜色了，床底下的脏球鞋、臭袜子横七竖八地堆在一起……

殊不知，我们不讲究卫生，很容易染上疾病。如果你不坚持每天早晚刷牙，口腔就容易产生异味，牙齿就会被长年累月积存的酸性物质破坏，严重者会影响正常的进食和咀嚼。如果长时间不洗脚、不洗澡，很容易滋生细菌，导致脚气、皮肤病的发生。

因此，我们从小时候就要培养卫生习惯，干干净净地迎接每一天，成为一个身体健康、人见人爱的男孩子。

首先，我们要保持个人卫生，就要从以下几个方面做起：勤洗手，勤剪指甲，不留长指甲；勤洗澡，勤换衣；勤洗头，定期理发，不留长头发；早晚洗脸，自己的毛巾与他人的分开，并经常清洗，拿到太阳下晾晒；注意口腔卫生，早晚刷牙，饭后要漱口，晚上刷牙后不再吃东西；睡前洗脚，换洗袜子；衣着保持整洁，定期换洗衣服，出门前照镜子整理衣

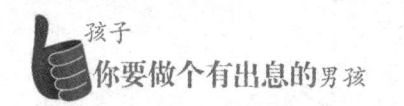

服；勤晒被褥，及时更换床单、被套、枕巾；不要当众剪指甲、挖鼻子、掏耳朵；毛巾和牙刷要经常更换，保持干净；等等。

这只是一个简单、笼统的做法，具体来说，每一项又有不同的内容。单说洗手这件小事吧，勤洗手固然重要，但是如果洗手的方法不正确，就算洗了也徒劳无功。据说，一只手上可附着数十万个细菌，如果手洗不干净的话，就很容易让病菌乘虚而入。

科学的洗手方法和步骤应该是：打开水龙头，把手淋湿，然后在手掌抹上肥皂或洗手液，搓出泡沫，让手掌、手背、手指、指缝等都沾满泡沫，反复搓揉双手和腕部，两手手心、手背都要相互搓揉，两手也要交叉着洗，最后在水龙头下将手冲洗干净。还有，在关上水龙头之前，要冲洗水龙头，以避免洗净的双手碰触到水龙头上残留的细菌。手洗干净之后，要用干净的专用毛巾、手巾擦干双手，自然风干也是可以的。

除了学会科学洗手之外，还要知道什么时候应该洗手，比如，饭前便后，触摸眼、口、鼻前后，写作业前后，玩游戏后，拿碗筷前，触摸过扶手、门把手、电梯按钮、公共电话等公共物件后，打扫完卫生之后，从外面回家后，接触钱币后，等等。

有的人也许会觉得这样做未免有些小题大做了，但是若想真正起到预防疾病的作用，只懂得保持个人卫生还不够，还必须得保持公共卫生。

我们是社会、集体的一员，有义务、有责任维护好公共场所的卫生，具体来说，我们要自觉做到不随地吐痰，如果确实是因感冒克服不了的，应该准备卫生纸，吐在纸上，然后扔进垃圾桶里；不乱扔果皮纸屑，将它们扔进垃圾桶里；认真做好值日，保持教室清洁，桌子板凳要摆放整齐，清理卫生死角，做到窗台无灰尘，随时清扫垃圾，随手捡拾地面上的废弃物；整理房间卫生，定期大扫除，无论什么季节都要做好室内通风，保持室内空气清新；等等。

为了身体健康，讲究卫生是非常必要的。不过，凡事都要掌握一个度，如果过分讲究，因讲究卫生而不能摸这儿、碰那儿，凡是吃的、穿的、用的、玩的一律都要消毒，就有些过头了，这可能会影响身体健康。

科学研究表明，如果一个人生活在完全洁净的环境中，很少接触到细菌和病毒，那么他身体体内就很难产生抗体，那他的抵抗力和免疫力就发挥不了应有的作用，一旦体内侵入大量病菌，他的身体可能就会被打垮。

因此，我们要掌握好尺度，既要讲究卫生，又不要因讲究卫生而不敢做事。比如，我们喜欢玩泥巴、沙子，大可以尽情地玩，只不过，在玩完了之后，一定要记得把手洗干净，冲个澡，换洗一下衣服。

总之，我们要从身边的小事做起，培养讲究卫生的好习惯，让自己每天都干干净净的。

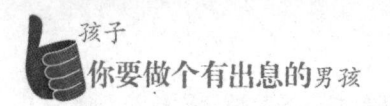

不迷恋电视、网络、电子游戏

玩是每个孩子的天性。如今，随着信息时代的来临，随着网络、电子游戏的普及，越来越多的男孩沉迷于电视、网络之中，终日在屏幕前玩耍，加入网络游戏"玩家"的大军之中，用稚嫩的小手娴熟地操控着各种游戏，俨然已经把它们当成了自己的"好伙伴"。

电视、网络虽然给人们的生活、工作、学习带来了诸多的方便，但是在其迅猛发展的同时，它的负面影响也随之显现，尤其是对于正在成长中的我们来说，它们就像精神鸦片，如果自控能力较差，我们就难以抵御其诱惑，很容易上瘾，然后一直沉溺其中，甚至到了不能自拔的程度，每天都必须有固定的时间在电视前、网上或游戏中度过，否则就寝食难安，心神不定。这是一种不良的习惯，是十分要不得的。

但凡平常喜欢看电视、上网或玩游戏的男孩，几乎都很难把精力完全放在学习上，他们的眼睛已经习惯了五颜六色、变幻多样的画面，怎么还能看得进去全是文字和数字的书本呢？有的男孩一边写作业，一边想着电视情节，为了赶快看电视、上网或玩游戏，常常是三下五除二就把作业草草写完，甚至到了课堂上还在回味着电视情节或游戏，那么学习成绩自然就不会理想。

如果我们常常沉迷于电视、网络、电子游戏，就少了很多生活中真实的互动体验，会影响人际交往，产生自我封闭倾向，甚至还会患上"电脑自闭症"。而有些电视节目、网络信息或游戏与现实不相符合，如果我们不具备良好的是非善恶判断能力，就很容易受到影响，产生错误的价值观、世界观，甚至会模仿其中的情节，如打架斗殴、拉帮结派、早恋等。

而这些对我们的成长是非常不利的。

此外，沉迷于电视、网络、电子游戏，还会影响到身体健康。电视、电脑的画面色彩亮丽，视觉刺激过于强烈，如果我们长时间注视着屏幕，就会影响我们的视力，我们会出现频繁眨眼、眼睛疼痛等症状，这些会导致我们的视力下降。在看电视、电脑、玩游戏的时候，由于身体自始至终处于一种姿势，就很容易引起脖子酸痛、头晕眼花等状况，更有甚者会引起自主神经紊乱，导致体内激素水平失衡，免疫功能下降，继而出现紧张性头疼、焦虑、抑郁等，甚至会导致死亡。

可见，我们一旦沉迷于电视、网络、电子游戏，不仅会影响学业和生活，还会影响身心健康。你一定不希望是这样的结果，那么当你犹豫要不要看电视、看电脑、玩游戏的时候，请好好想一想。

当然，这并不是不让我们接触电视、电脑，而是要有自控力，在学习之余适当地看电视、上网，控制看电视、上网的时间，并选择适合自己的电视节目，健康地使用网络，让它们真正为我们服务，为我们的生活及学习带来便利。而对于电子游戏，尽量不要去玩，因为游戏很容易上瘾，而一旦上瘾再想戒掉就很难了。

要知道，电视、网络就像一把"双刃剑"，有利有弊，而这完全取决于我们是如何利用电视和网络的。就好比一把菜刀，在厨师手中，它是用来切菜的工具；在歹徒手中，它却可能是用来杀人的武器；在绝望者手中，它可能会成为自杀的工具。

我们如果能够有效利用电视、网络，不仅可以获得重要的学习资料和信息，扩展自己的视野，还可以丰富自己的业余生活，满足自己的心理需求，适当地缓解学习压力。

我们可以选择一些有益于身心健康的电视节目，比如，根据名著、童话改编的动画片，"人与自然"，"中国汉字听写大会"，"中国成语大会"等节目。通过这些电视节目，我们可以积累各方面的知识，丰富自己的学识。

网络是一个巨大的信息宝库，我们可以在网络上浏览一些对自己有益

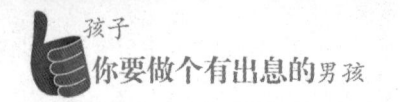

的信息，阅读一些名家作品，利用网络学习英语，为学习中遇到的疑难问题查找答案，了解一些课外知识，等等。但在上网之前，要有一个明确的目的和计划，不能漫无目的地东瞧瞧、西看看，否则就是浪费时间，还可能会浏览到一些不健康的网页。

　　无论是看电视，还是上网，都要先把作业写完再进行。另外还要严格限定时间，最好不要超过 40 分钟，时间一到，就马上关电视、电脑，然后到户外走一走，或者是向远处眺望一下，这样有助于缓解眼睛疲劳。

　　有的男孩之所以沉迷于电视、电脑、电子游戏，是因为他整日无事可做，没有丰富的业余生活，也没有什么兴趣爱好，只好用电视、电脑、电子游戏来填补自己的心灵。

　　对此，我们要丰富自己的业余生活，如去公园逛逛、打羽毛球、游泳、下棋、踢足球等。在真实的世界中去体验生活，如择菜、喂养小动物、种植花草等。如此，你的生活会变得丰富多彩，你就会感受到除了电视、网络、游戏还有更有趣的事情等着你去做，自然就不会迷恋电视、网络与电子游戏了。